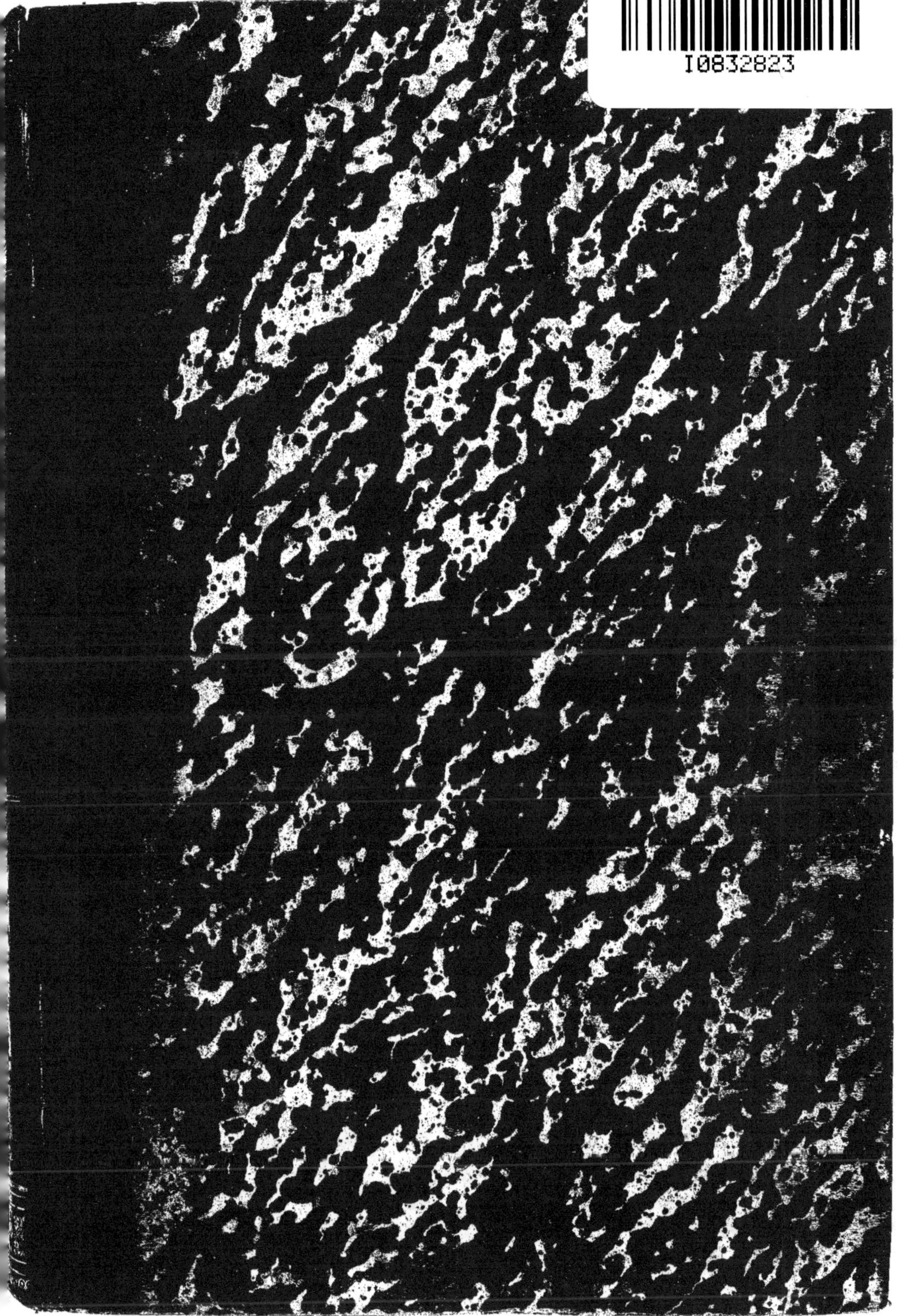

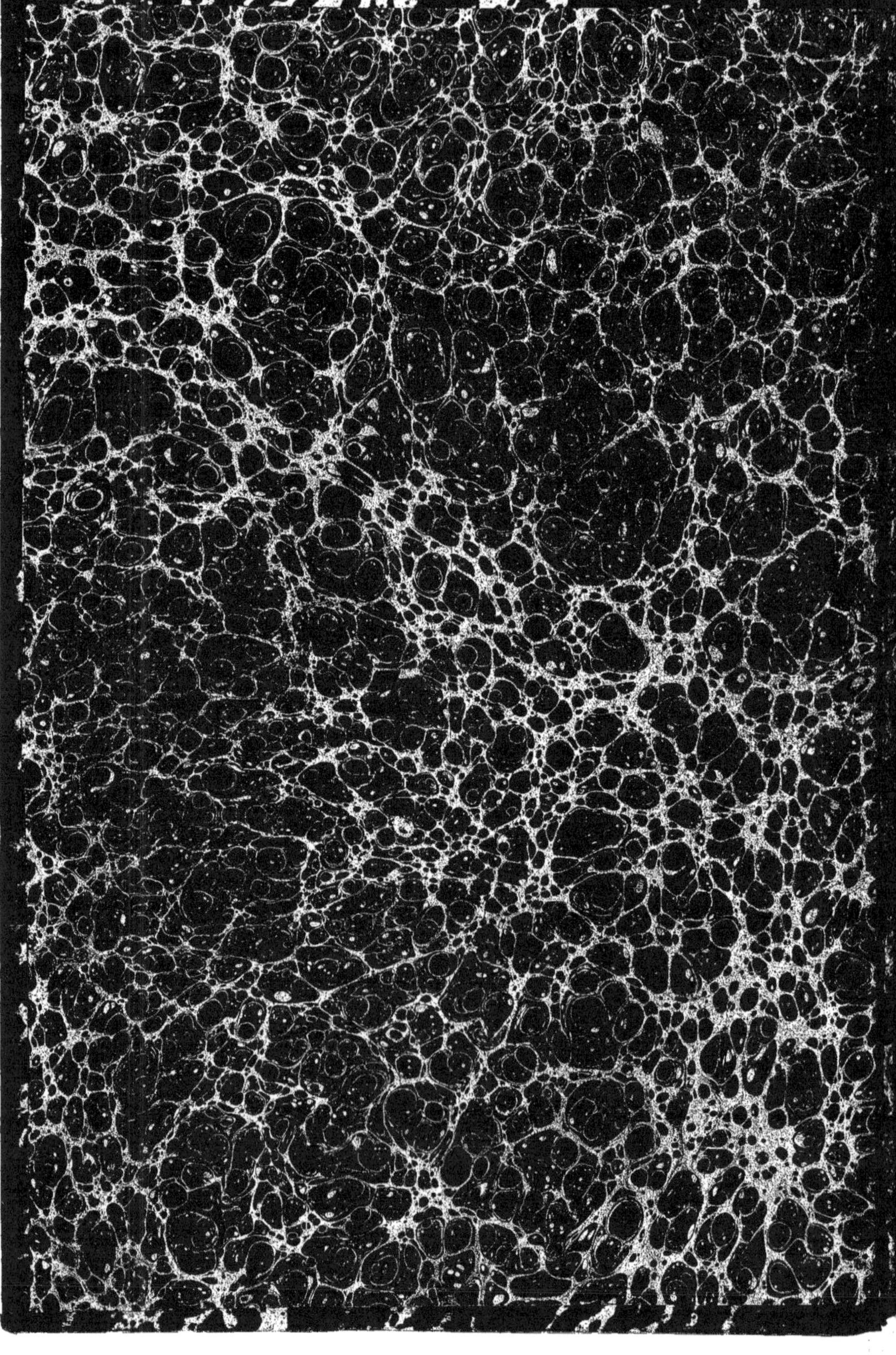

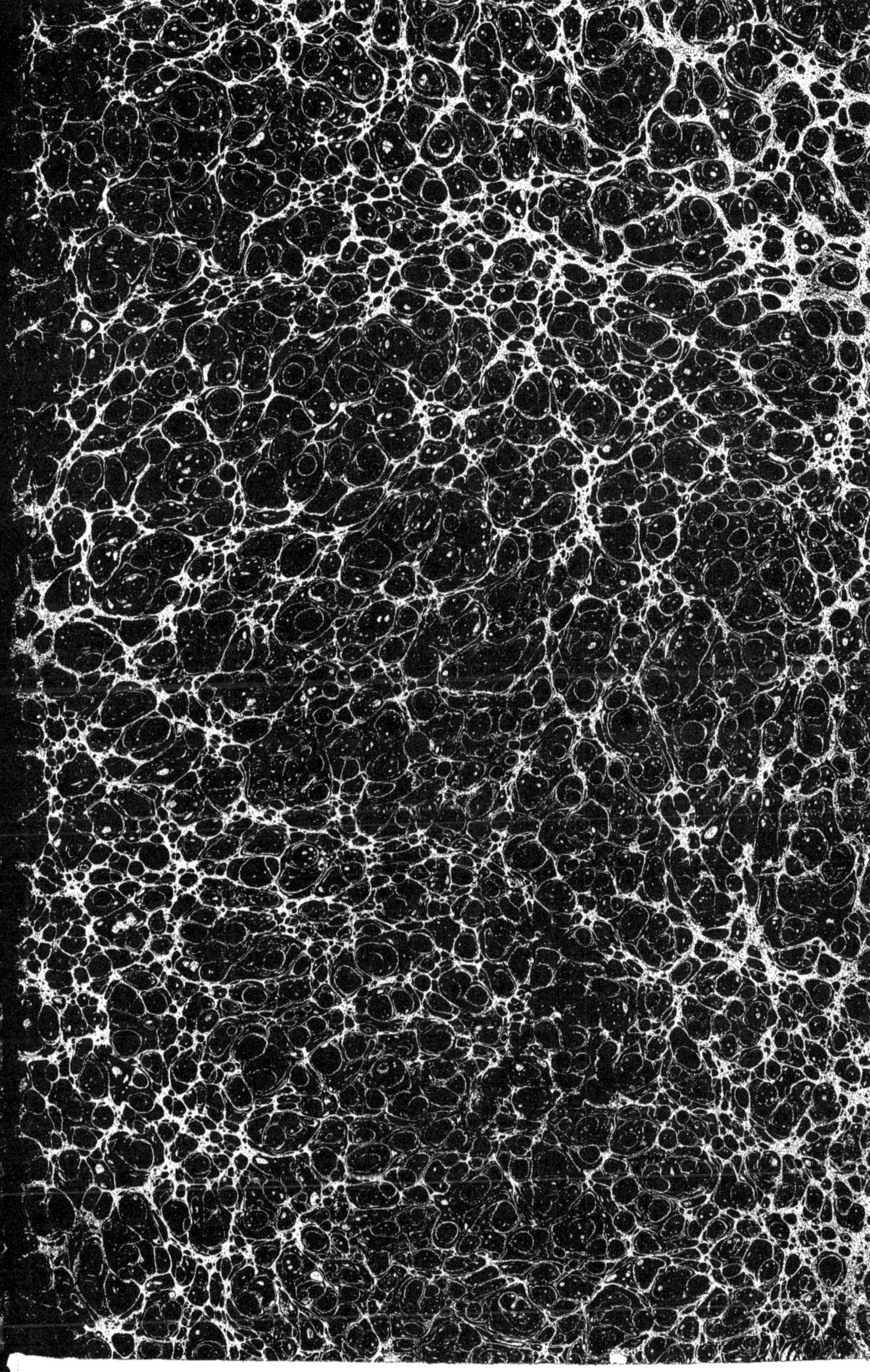

L'INDE FRANÇAISE

OU

COLLECTION DE DESSINS

LITHOGRAPHIÉS

REPRÉSENTANT LES DIVINITÉS, TEMPLES, COSTUMES, PHYSIONOMIES, MEUBLES, ARMES, ET USTENSILES,

DES PEUPLES HINDOUS QUI HABITENT LES POSSESSIONS FRANÇAISES DE L'INDE, ET EN GÉNÉRAL LA COTE DE COROMANDEL ET LE MALABAR;

Publiée par M. J.-J. Chabrelie;

AVEC UN TEXTE EXPLICATIF,

PAR M. E. BURNOUF,

MEMBRE DE L'INSTITUT, ACADÉMIE DES INSCRIPTIONS.

DÉDIÉ

A S. Exc. M. Paul de Demidoff.

TOME PREMIER.

PARIS.

CHABRELIE, ÉDITEUR, RUE DE LA CHAUSSÉE D'ANTIN, N° 3,

1827.

A Son Excellence Monsieur Paul de Demidoff, en fonctions de Veneur de la Cour Impériale de Russie; Chambellan de S. M. l'Empereur; Conseiller d'Etat actuel; Membre du Comité Suprême des Invalides; Grand-Cordon de l'Ordre de S.t-Stanislas de la première Classe; Chevalier de l'Ordre de S.t-Wladimir de la troisième Classe; de l'Ordre de l'Aigle Rouge de Prusse de la Seconde Classe; de l'Ordre Royal de la Légion d'honneur; des Ordres de S.t-Joseph de Toscane, et de S.t-Jean de Jérusalem; Décoré de la Médaille de quinze ans de services irréprochables; Membre Honoraire de l'Académie Impériale des Sciences de St-Pétersbourg; des Universités Impériales de Moscou et de Kharkof, et de la Société Royale de Statistique Universelle de Paris; Membre Ordinaire des Sociétés Impériales d'Agriculture et des Naturalistes de Moscou; de celles de Minéralogie et d'Encouragement des Artistes Russes de St-Pétersbourg, etc., etc., etc.

Par son très-humble et très-obéissant serviteur

Chabrelie, Editeur.

INTRODUCTION.

C'est une curiosité peu commune que de s'attacher à connaître ce qu'on possède; on n'est guère curieux de connaître que ce qu'on espère posséder, ou ce qu'on ne possède plus. Ainsi les Européens, en général, n'ont commencé à s'informer de l'origine, de la civilisation primitive, des traditions antiques des tribus de l'Amérique, qu'au moment où cette grande contrée se préparait à rompre la chaîne de ses rapports avec l'Europe; ainsi les Français, depuis si long-temps établis sur la côte orientale de la grande presqu'île de l'Inde, ont attendu à y avoir perdu toutes leurs possessions, moins une seule ville, pour prendre en quelque considération les mœurs et les croyances de la population indigène, pour comprendre que la civilisation européenne n'était pas absolument indispensable à sa prospérité. Pendant le cours entier du dernier siècle, on savait très-bien en France que le gouvernement possédait de nombreux établissements dans l'Inde, mais on se doutait à peine qu'il y eût là des Indiens; aujourd'hui, au contraire, il faut presque un effort de mémoire pour se rappeler que nous avons encore une colonie dans cette contrée; mais toutes les personnes qui ne sont pas dépourvues d'études un peu sérieuses s'associent à l'intérêt qu'excitent, depuis quelques années, les recherches sur les traditions historiques et religieuses de l'Inde, sur sa civilisation actuelle, et sur les meilleurs moyens d'employer au perfectionnement de son état social l'exubérante richesse du sol et l'ingénieuse activité de la population.

Ce besoin nouveau de connaître l'Inde n'avait encore été satisfait par aucun ouvrage publié en France : quelques essais tentés par des personnes qui avaient traversé cette intéressante civilisation, sans se donner la peine de l'observer, ou qui avaient observé sans comprendre, n'avaient réussi qu'à rendre ce besoin plus pressant et à faire regretter les occasions perdues. Un seul ouvrage avait excité plus d'attention, parce que ses prétentions étaient plus élevées; les *Monuments de l'Hindoustan,* publiés par M. Langlès, obtinrent un succès qui ne dura que le temps de reconnaître combien l'auteur était étranger au sujet qu'il avait essayé de traiter. La seule utilité réelle de cet ouvrage fut de faire comprendre la nécessité d'éclaircir ce que des descriptions de tribus, de mœurs ou de monuments peuvent avoir d'obscur, par le commentaire perpétuel de dessins exacts et soigneusement coloriés; j'oserais à peine attribuer le même caractère d'utilité au mérite qu'eut encore cette publication de faire connaître les titres des ouvrages anglais dans lesquels avaient été décrits les monuments de l'Inde, les usages civils et religieux des Indiens. Presque tous ces ouvrages, publiés avec une magnificence que l'Inde elle-même entretient, avec un luxe qu'elle renouvelle sans cesse, n'étaient accessibles qu'à de grandes fortunes, et se défendaient, par leur prix élevé, des atteintes de trop vulgaires amateurs. Ces ouvrages étaient d'ailleurs rédigés dans une langue dont la connaissance était encore peu répandue; un seul, celui de Solvyns, et ce n'était pas le plus remarquable, joignait un texte français à un texte anglais. Un autre désavantage de ces magnifiques collections, désavantage qu'il n'était pas alors plus possible d'éviter qu'il ne l'est aujourd'hui de le méconnaître, c'est de confondre dans une description générale et uniforme, les contrées nombreuses et distantes auxquelles les Européens ont successivement attribué la dénomination de l'Inde proprement dite. Aujourd'hui, que les recherches de la science ont commencé à démêler les caractères si divers et si distincts des différentes races qui occupent encore le sol de l'Inde, il n'est plus permis d'imiter ces exemples d'une fâcheuse confusion; chaque civilisation particulière doit être le sujet d'un ouvrage spécial, qui rassemble dans des limites déterminées avec précision, tout ce qu'il est utile de savoir sur cette civilisation; le besoin de spécialité est le résultat et le signe le plus certain des progrès de la science.

Au nombre des contrées de l'Inde qui méritaient le plus d'être étudiées séparément, se plaçait au premier rang celle où le gouvernement français avait eu des établissements, où les armes françaises avaient souvent été couronnées de gloire, où le commerce français envoyait encore le plus de vaisseaux, celle enfin qu'on pouvait nommer l'*Inde Française.* La côte de Coromandel avait été plus souvent décrite que les autres parties de l'Inde, sans être cependant mieux connue. Les Mémoires des missionnaires danois, les Esquisses du major Wilks; les Voyages du Dr Buchanan sont presque ignorés en France: de tous les ouvrages écrits dans notre langue sur ce sujet, le seul qui ne soit pas superficiel est celui de Sonnerat; il se distingue d'ailleurs de tous les autres par le grand nombre de gravures qui s'y trouvent jointes; mais il est encore bien imparfait : il semble qu'aucun naturaliste, si l'on réserve deux illustres exceptions qui n'ont pas besoin d'être distinguées par des noms propres, n'ait su observer l'homme, la plus noble des créatures; Sonnerat était naturaliste, et la meilleure partie de son ouvrage est celle qui est consacrée à l'histoire naturelle. Une heureuse circonstance a permis de réunir dans l'*Inde Française* les plus précieux avantages de tous les ouvrages précédemment cités, en évitant tous les inconvénients qui peuvent leur être reprochés. M. Géringer, appelé par des affaires commerciales sur la côte de Coromandel, trouva, dans ses loisirs, de fréquentes occasions de mettre à profit son habileté dans les arts du dessin;

il rassembla un nombre considérable d'esquisses et de portraits, et y joignit une collection complète de sujets religieux ou de scènes de la vie privée, exécutés sous sa direction par des *moutchis* ou artistes indigènes. Plusieurs collections de ce genre ont été faites par des Européens, mais presque toutes ont été dispersées presque aussitôt que formées; l'auteur de ces lignes n'en connaît que trois qui méritent d'être citées: celle qui, suivant Lacroze, fut rassemblée par Ziegenbalg, et qui se conserve peut-être encore en Allemagne; celle qui a été dernièrement cédée au gouvernement par M. Ducler, et celle enfin qui a servi de base à cet ouvrage. La collection de M. Géringer présentait les moyens de rendre tous les détails avec une exactitude parfaite, puisque la collection des esquisses de l'artiste européen pouvait servir de contrôle aux aquarelles du dessinateur indien, moins correctes sans doute, mais empreintes de cette vérité qui est à peine un mérite parce qu'elle est presque un instinct.

L'éditeur de l'*Inde Française,* en employant de si précieux matériaux, n'a été dirigé que par une seule pensée, celle de faire connaître l'Inde méridionale telle qu'elle est, et non pas telle qu'on pourrait désirer qu'elle fût. Cette scrupuleuse exactitude, qui constitue une partie importante du mérite scientifique de l'ouvrage, obtiendra sans doute l'approbation de toutes les personnes qui ont, par des connaissances positives, acquis le droit de porter un jugement sur cet ouvrage. On a copié les dessins originaux sans se permettre de les altérer en les embellissant; l'ordre de la composition, l'expression générale des diverses scènes ont été aussi fidèlement reproduites que le permettait la nécessité de corriger les formes, d'épurer les contours et de mieux disposer les ombres. Dans quelques planches, on a pu grouper autrement les personnages, sans altérer le style original de la composition. Il faut avouer que l'art indien compte plus que le nôtre sur l'intelligence du spectateur, et lui présente plus souvent le plaisir de se reposer sur une découverte après les fatigues de la recherche. Les défauts de cet art, peu sensibles dans de simples esquisses de mœurs, sont beaucoup plus apparents dans les petits tableaux que composent quelquefois les peintres indiens: dans ces tableaux, en effet, la scène du sujet est presque toujours indiquée d'une manière incomplète ou peu adroite; le sujet même n'est pas assez nettement déterminé, les détails accessoires se présentant sur le même plan que les figures principales; l'action est presque nulle, et il ne faut pas s'en étonner, puisque ces compositions représentent ordinairement les aventures des dieux et des héros, et que chacun de ces personnages mythologiques a, dans les traditions religieuses et populaires, une attitude consacrée que l'artiste ne pourrait modifier sans commettre une espèce de sacrilége, ou du moins sans priver ces personnages de leur caractère distinctif. L'intelligence du sujet ressort donc le plus souvent du rapprochement même et des attributs des figures les plus apparentes. Pour ce qui est des dessins reproduits dans cet ouvrage, ils sont aussi indiens qu'ils peuvent l'être, sans cesser d'être corrects : les artistes auxquels a été confiée l'exécution des planches ont porté le respect pour leurs modèles jusqu'à conserver des poses qui peuvent ici paraître forcées, mais qui dans l'Inde sont naturelles et ne manquent pas d'une certaine grace.

On a emprunté quelques planches seulement aux *Oriental Drawings* de Ch. Gold; elles complétaient la collection de M. Géringer. Quant à la ressemblance qu'on pourra observer entre quelques-unes de nos planches et celles que Sonnerat a jointes à son Voyage, elle est purement accidentelle; ce naturaliste avait sans doute copié à Pondichéry des dessins semblables à ceux qui ont été rapportés par M. Géringer; on sait d'ailleurs que les *moutchis*, comme tous les artistes peu exercés, adoptent pour certains sujets un type général, qu'ils reproduisent constamment, sans prendre la peine de le modifier.

Le texte nous arrêtera moins long-temps que les planches; il a dans toutes ses parties le mérite de l'exactitude; le nom de M. E. Burnouf, qui l'a rédigé presque en entier, est une garantie suffisante de cette assertion.

C'est pour l'éditeur de l'*Inde Française* un devoir de témoigner publiquement sa gratitude à M. le comte Paul de Demidoff, dont le nom se rattache aux plus nobles actions. Heureux les pays, dans lesquels M. le comte de Demidoff a fait quelque séjour; car s'il a laissé partout de nombreuses marques de sa bienfaisance, il a aimé aussi à faire participer les arts à sa munificence et à les honorer de sa puissante protection. Si cet ouvrage, dont la publication a été long-temps interrompue, est enfin terminé, l'éditeur doit en rapporter tout l'honneur à la haute bienveillance que M. le comte de Demidoff s'est toujours plu à lui accorder, et pour laquelle il s'empresse de lui offrir l'expression de sa respectueuse reconnaissance.

En transcrivant dans le texte les mots orientaux, on a cherché à obtenir la plus grande exactitude possible. On a mis les mots sanscrits au radical : ainsi, *Shiva* et non *Shivah* ou *Shivas*. On ne s'est écarté de ce système que pour les mots dont le radical est terminé par une consonne : ainsi on a écrit *Brahmâ* au nominatif, et non *Brahman* au radical. La raison en est que *Brahmâ* étant généralement connu sous cette forme, on a craint de choquer, par une orthographe insolite, si on mettait *Brahman*, nom qui de plus a l'inconvénient, pour les personnes qui ne savent pas le sanscrit, de pouvoir se confondre avec celui des Brahmanes (*Brâhmana*). Une fois cette règle adoptée, il a fallu la suivre pour les mots de la même espèce; on a donc écrit *Nandî* et non *Nandin*. On s'est d'autant plus facilement permis cette légère variation d'orthographe, qu'à partir de la 3e livraison on a lithographié au bas de chaque planche la dénomination sanscrite et tamoule du personnage qu'elle représente.

BRAHMA.

Brahmâ, la première personne de la trinité indienne, symbole de la triple puissance qui crée, conserve et détruit le monde, est représenté à la côte de Coromandel et au Malabar avec cinq têtes, quelquefois avec quatre. Aussi l'invoque-t-on souvent sous le nom de « Dieu suprême dont le visage est partout » *(Sarvatomoukha)*. Son histoire est diversement racontée. En proie à une passion coupable, il voulut, dit-on, séduire sa propre fille. En vain la déesse, pour lui échapper, se réfugia dans les retraites les plus secrètes; à chaque mouvement qu'elle faisait pour fuir, il naissait à Brahmâ une nouvelle tête avec une face nouvelle dont les regards pénétrants poursuivaient et découvraient sa fille. Enfin *Shiva,* indigné d'une si brutale audace, lui coupa une de ses têtes. D'autres prétendent que, fier du pouvoir qu'il avait de créer, Brahmâ ne craignit pas d'insulter *le grand Dieu (Mahâdeva*, autre nom de *Shiva)*. Celui-ci, dans sa colère, donna naissance à *Bhairava* (le redoutable), qui abattit la cinquième tête du dieu créateur. *Shiva* s'en empara et la plaça au-dessus de sa coiffure comme un trophée de sa victoire.

Brahmâ, chef suprême de la caste des Brahmanes qui lui doivent leur nom, n'a pas de temple où il soit exclusivement adoré. On trouve ses images dans les pagodes des autres divinités telles que *Vichnou* et *Shiva;* il y est presque toujours représenté comme dans notre planche. Il trace avec un stylet sur des *olles* ou feuilles de palmier, soit les *Védas*, livres sacrés, dont il est réputé l'auteur, soit l'histoire de *Vichnou* qu'il avait été condamné à écrire en punition de son orgueil. On croit encore qu'il grave sur ces feuilles les immuables décrets du destin. Une de ses quatre mains tient un cercle alongé, symbole de la durée éternelle. Dans d'autres statues, le cercle est remplacé par un chapelet, ornement que les Brahmanes portent presque toujours, surtout quand ils récitent leurs prières. L'autre main serre un rouleau qui paraît être un livre relié à la manière indienne; nous la décrirons plus bas sur la planche VI de la seconde livraison. Le livre joint aux olles et au stylet caractérise l'auteur des Védas, le dieu de la science, celui dont la femme *Sarasvati* révéla aux Hindous la langue sanscrite et les caractères dévanagaris.

Cette image de Brahmâ a été lithographiée d'après une représentation du dieu, peinte par un Hindou de la côte de Coromandel.

PL. I.

N° LIV.

A. Geringer.

Lith. de Marlet, C.ie r. du Bouloi, N° 19

BRAHMA.

VICHNOU.

Vichnou, ou le Dieu conservateur, l'une des divinités dont le culte est le plus répandu dans l'Inde, est considéré comme la seconde personne de la trinité Indienne. Son nom, qui signifie *le Pénétrant,* indique assez quel rôle il joue dans la religion des Hindous; c'est l'ame universelle qui anime et soutient l'univers.

Le Dieu est assis sur les replis du serpent nommé *Shecha* (la durée), dont les cinq têtes lui servent de dais. C'est sur ce monstrueux reptile, qui s'appelle aussi *Ananta* (l'éternel), que reposait *Vichnou*, flottant sur les eaux premières, avant que l'Être-Suprême commençât la création. La coiffure de ce dieu est pyramidale, comme celle de *Brahmâ*. Un long chapelet lui tombe jusqu'aux pieds; sa poitrine, sur laquelle descendent de riches colliers, est couverte de pierreries brillantes, dont la plus grande se nomme *Kaostoubha*. La première de ses mains droites, dont la paume est tournée du côté du spectateur, paraît présenter l'empreinte d'un carré; les habitans de la côte de Coromandel disent que le Dieu fait ainsi *Abeaston*, c'est-à-dire qu'il ouvre la main en signe de protection et de bienveillance [1]. On remarque sur le front de *Vichnou* les trois lignes perpendiculaires dont se décorent, comme nous l'avons déjà dit, les brahmanes qui ont embrassé son culte; elles sont réunies à leur base et offrent l'apparence d'un trident. Les Tamouls appellent ce signe *Nâmam,* du nom d'une terre blanche qui sert à le tracer. Enfin son vêtement est formé d'une riche étoffe de soie parsemée d'or.

Vichnou s'est incarné plusieurs fois pour sauver le monde, et ramener les hommes à la vertu. La suite de cet ouvrage donnera la description détaillée de ces incarnations diverses, qu'il serait prématuré d'expliquer ici.

Cette planche est un calque exact d'un dessin fait par un naturel.

(1) *Abeaston* est formé des deux mots sanscrits *abhayam astou*, n'ayez pas peur!

A. Géringer   Lith. de Marlet et C.ie rue des Bouloi, N.o 19

Vichnou.

SHIVA.

Cette planche, reproduction fidèle d'un dessin fait par un Hindou du Malabar, représente *Shiva*, la troisième personne de la trinité indienne, le Dieu destructeur, symbole des changements perpétuels dont le monde est le théâtre. Son aspect est ordinairement effroyable. Des serpents entrelacés forment sa chevelure; ses oreilles sont prolongées d'une manière hideuse, et sur sa coiffure pyramidale est placée une des têtes de *Brahmâ*, dont nous avons vu que ce Dieu fut privé, en punition de son incontinence. La monture de *Shiva* est le taureau à bosse, nommé *Nandî*, symbole de la justice divine. Auprès de lui est sa femme *Pârvatî*, fille du Dieu *Himâlaya*, personnification de la montagne qui porte ce nom, et sur le sommet de laquelle les Hindous placent le paradis de *Shiva*, en tamoul *Kayilai*, altération du sanscrit *Kailâsa*. Cette déesse est, suivant le génie de la mythologie indienne, considérée sous un nombre infini d'aspects, et elle reçoit des noms divers suivant les caractères qu'on lui attribue. Dans son rôle le plus élevé, elle est l'emblème de la nature, du sein de laquelle renaissent incessamment les êtres anéantis par *Shiva*. Elle se nomme alors *Prakriti* (nature) et *Bhavânî* (génératrice). Les Hindous la disent femme du Dieu destructeur, parce que, selon eux, la vie naît de la mort, et que la matière, au lieu d'être anéantie, ne fait que passer par une suite non interrompue de formes variées.

Dans notre planche, elle est supposée se promener avec *Shiva* à travers les montagnes; de là son nom de *Pârvatî* (fille de la montagne). Sa main gauche tient un lotus, symbole de l'eau génératrice qui a produit le monde. *Shiva* ne porte ici aucun des ornements qui le caractérisent dans d'autres peintures, comme le trident et le chapelet de têtes de morts; il semble seulement occupé à rassurer *Pârvatî*, que pourrait effrayer son horrible aspect [1]. Le teint de ce dieu, qui, dans notre planche, est presque rosé, est habituellement d'un blanc blafard. Cette particularité, dont on n'a pas donné jusqu'ici d'explication satisfaisante, n'est peut-être qu'une allusion à la couleur des peuples qui habitent les régions montagneuses de l'Inde septentrionale, où tout porte à croire que le culte de *Shiva* a pris naissance.

[1] Nous avons vu (IIe liv. pl. 1), en parlant de *Vichnou*, que la position des mains, la paume tournée vers le spectateur, se nomme en tamoul *Abeaston*, mot dont nous avons proposé une étymologie. On pourrait également le faire venir de *abeya* (sécurité) et *astam* (main), mots tamouls évidemment altérés du sanscrit.

Pl. I. XLIV.

A. Geringer

Lith. de Marlet & Cie, rue du Bouloi, N° 10.

Shiva et sa femme Pârvati.

S. शिवः पार्वती T. சிவன் பார்வதி

NARAYANA OU VATAPATRAKAI.

Les Hindous divisent la durée de l'univers en quatre périodes qu'ils appellent *Youga*. La première, de 1,728,000 ans, se nomme *Krita youga*, c'est l'âge de la vertu : la seconde, de 1,296,000 ans, *Tretâ youga,* parce qu'elle contient les trois quarts de la précédente : la troisième, de 864,000 ans, *Dvâpara youga*, parce qu'elle est égale à la moitié de la première : enfin la quatrième, ou l'époque actuelle, *Kali youga*, l'âge de l'infortune, qui doit durer 432,000 ans, et qui a commencé vers 3101 avant Jésus-Christ. La réunion de ces périodes se nomme *Tchatouryouga,* ou les quatre âges. Mille *Tchatouryouga* forment un jour de *Brahmâ*. Tant qu'il veille, le monde subsiste protégé par *Vichnou*. Mais aussitôt qu'il s'endort, tout rentre dans le néant, et les eaux couvrent la face de l'univers. Alors *Vichnou*, prenant une feuille du figuier *Vata*, s'y place sous la forme d'un très petit enfant, dans l'attitude de la méditation, c'est-à-dire suçant le pouce de son pied droit, et il flotte ainsi sur le vaste Océan. A la fin de la nuit de *Brahmâ*, qui se compose, comme un de ses jours, de mille *Tchatouryouga*, il sort du nombril de *Vichnou* un lotus au milieu duquel est assise la première personne de la trinité indienne, qui recommence l'œuvre de la création.

Vichnou, sous cette forme, est le symbole de l'âme universelle qui anime le monde, et de la cause première, toute-puissante, infinie, et supérieure à la trinité même qui n'en est qu'une manifestation; elle est, dans les écrits philosophiques des Indiens, plus particulièrement désignée sous le nom de *Param Brahmâ,* l'être suprême. Comme, à l'origine des choses, *Vichnou* était porté sur l'Océan, on le nomme *Nârâyana,* « celui qui se meut sur les eaux ; » les Tamouls l'adorent plutôt sous le titre de *Vatapatrakai,* ou, suivant une autre orthographe, *Vatapatrachai,* ce qui est une altération du sanscrit *Vatapatrashayî*, « celui qui dort sur une feuille de *Vata*. » Le *Vata* est l'arbre que les voyageurs appellent le grand figuier des Pagodes, et dont les branches poussent de longs rejetons qui vont prendre racine dans la terre, et former des arbres nouveaux [1]. Les Indiens l'ont choisi sans doute comme un emblème des renaissances successives de l'univers. Dans d'autres images, le dieu repose sur une feuille de *Kamala,* ou lotus, symbole de fécondité [2].

[1] Ficus Indica.

[2] Nelumbium speciosum.

Nârâyana ou Vatapatrakai.

S. नारायणः

MATSYAVATARAM

OU INCARNATION DE VICHNOU EN POISSON.

Les *Pourânas*, ou Antiquités des Hindous, racontent qu'à la fin de l'âge qui a précédé l'époque actuelle, *Brahmâ* s'étant endormi, un démon nommé *Hayagrîva* (qui a un cou de cheval) lui déroba les livres sacrés appelés Védas. *Vichnou*, qui s'aperçut de ce larcin, se changea en un petit poisson de l'espèce nommée *Sapharî* (1), et les recouvra de la manière suivante :

Un roi du *Drâvida* (le pays des Tamouls) nommé *Satyavrata* (qui pratique la vérité) occupé à faire ses ablutions dans un fleuve, trouva dans sa main un petit poisson; le saint homme le rejeta dans l'eau; mais le *Sapharî,* lui adressant la parole, le supplia de ne pas l'abandonner aux monstres qui habitaient le fleuve, et de le sauver de leurs poursuites. Le roi le plaça dans le vase destiné à ses ablutions. Mais en une nuit il grossit tellement que *Satyavrata* fut obligé de le transporter dans un étang immense, qui bientôt fut encore trop étroit pour lui. Étonné de ce prodige, *Satyavrata* s'écria : Tu es *Bhagavân* ou le Seigneur! C'est toi qui m'as fait illusion par une apparence trompeuse. C'était en effet *Vichnou* qui avait pris la forme d'un *Sapharî*. Le dieu, content de sa dévotion, l'avertit qu'au bout de sept jours, les eaux couvriraient les trois mondes, et que les hommes pervers seraient anéantis; mais qu'un grand vaisseau lui apparaîtrait pour le recevoir. « Tu y entreras, lui dit *Vichnou*, avec sept sages, un couple de chaque « espèce d'animaux et les germes de toutes les plantes. Tu y attendras la fin de la « nuit de *Brahmâ ;* et lorsque le vaisseau sera agité par les vagues, tu l'attacheras « avec un long serpent à la corne d'un énorme poisson qui sera près de toi et te « guidera sur les flots de l'abîme. » Au jour marqué, la mer, franchissant ses rivages, se répandit sur la surface de la terre; l'arche parut; *Satyavrata* exécuta les ordres de *Vichnou*; et quand le déluge fut apaisé, le dieu, sortant du sein des eaux, tua *Hayagrîva* et retrouva les livres sacrés. *Satyavrata*, sauvé par la faveur divine, fut choisi comme septième *Manou* ou père du genre humain pendant le septième âge, ou la période actuelle, et reçut le nom de *Vaivasvata.*

En mémoire de cette incarnation, *Vichnou* est représenté moitié homme, moitié poisson.

(1) *Cyprinus Chrysoparius.*

Géringer. Lith. de Marlet & Cie r. du Bouloi N° 19

Matsyâvatâra.

S. मत्स्यावतारं T. மச்சாவதாரம

KOURMAVATARAM

OU INCARNATION DE VICHNOU EN TORTUE.

A l'origine des choses, les *Devas* (les dieux) soutinrent, contre les mauvais génies, une longue lutte dans laquelle ceux-ci furent vainqueurs. Les dieux implorèrent la protection de *Vichnou*, qui flottait sur la mer de lait. Faites la paix avec vos ennemis, leur répondit-il, et réunissez-vous à eux pour agiter l'Océan, et en extraire la liqueur d'immortalité qui vous donnera la victoire. Les dieux obéirent à ses ordres, et, entourant avec le serpent *Vâsouki* la montagne *Mandara,* ils s'en servirent pour battre les flots. Elle allait s'abîmer au fond de l'Océan avec les forêts qui couronnaient sa cime, quand *Vichnou,* se changeant en tortue, la soutint sur son dos, et prévint ainsi sa chute. Cependant *Vâsouki,* épuisé de fatigue, exhalait un venin terrible qui menaçait d'anéantir les dieux. *Shiva,* sur la demande de sa femme *Pârvati,* l'avala, le retint dans sa gorge; et, comme son cou en devint d'un bleu foncé, il fut dès lors appelé *Nîlakantha* (celui qui a un cou bleu). L'ambroisie parut enfin, et les mauvais génies s'en emparèrent pour se la partager. Les dieux en eussent été privés pour jamais, si *Vichnou* ne fût encore une fois venu à leur secours. Il prend la figure d'une belle femme, et se présente devant les mauvais génies. A la vue de tant de charmes, les *Daityas* s'oublièrent; tiens cette coupe, lui dirent-ils, et verse-nous le breuvage immortel. *Vichnou* reçut le vase de leurs mains, mais il distribua l'ambroisie aux dieux. Un seul parmi les démons, *Râhou*, qui, sous la forme de *Tchandra,* le dieu de la lune, s'était mêlé aux *Devas,* porta la coupe à ses lèvres. Le soleil et la lune le reconnurent sous ce déguisement, et *Vichnou* lui trancha la tête, au moment où il avalait l'ambroisie. Mais cette tête, désormais immortelle, alla se placer dans les cieux, où, nourrissant une haine implacable contre le soleil et la lune, elle fait tous ses efforts pour les dévorer. Telle est la cause des éclipses.

En mémoire de cette incarnation, *Vichnou* est représenté moitié homme, moitié tortue.

PL. 1? G. LIV.

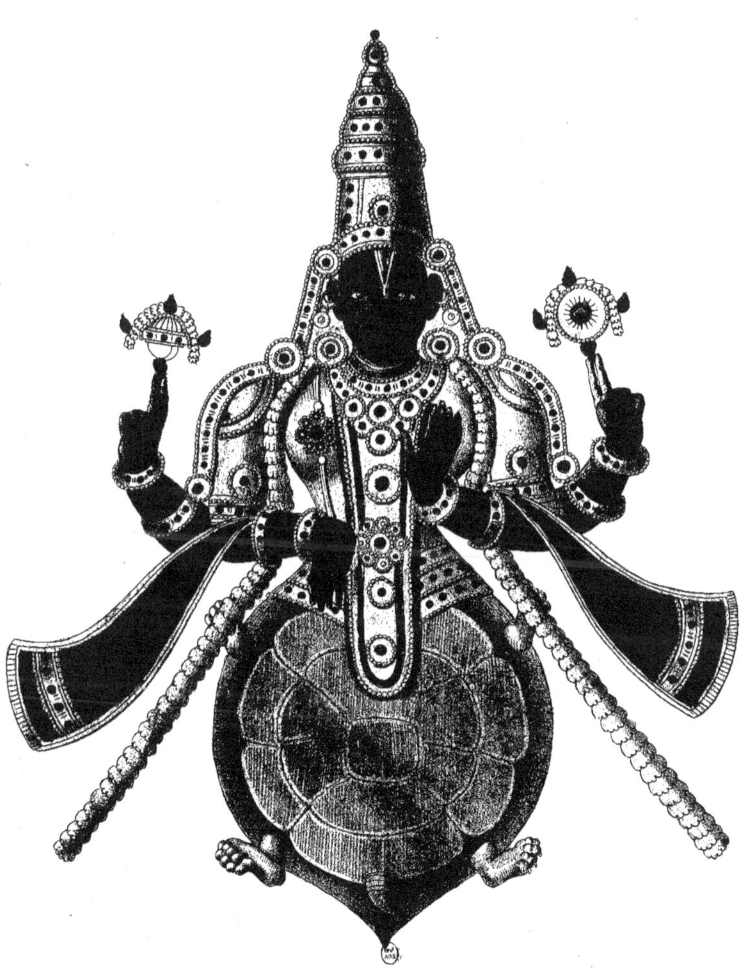

Geringer Lith. de Marlet & Cie rue du Bouloi, N° 19.

Kourmâvatâram

S. कूर्म्मावतारं

VARAHAVATARAM

OU INCARNATION DE VICHNOU EN SANGLIER.

Cette incarnation a eu pour but, comme les précédentes, de délivrer les dieux et le monde de la tyrannie des mauvais génies ou *Daityas*. Le plus redoutable de tous, *Hiranyâkcha* (celui qui a les yeux couleur d'or) avait chassé les dieux du ciel et usurpé les honneurs qui ne sont dus qu'à eux. Il voulait anéantir la création et s'était emparé de la terre, qu'il avait précipitée au fond de l'Océan. *Brahmâ*, le dieu créateur, voyant son œuvre détruite, s'adressa à *Vichnou*, qui lui apparut avec une tête de sanglier, symbole de la force. Ainsi transformé, *Vichnou* se mit à la poursuite du démon *Hiranyâkcha*, lui donna la mort, puis, plaçant la terre sur ses défenses, il la retira du fond de l'abîme, et la rétablit à la surface des eaux, où, suivant l'opinion des Hindous, elle est encore flottante.

D'autres fables racontent que les trois personnes de la trinité se disputèrent jadis la prééminence. *Brahmâ*, qui, du haut du lotus où il était assis, ne voyait rien dans l'univers, se crut le premier des êtres. Il descendit dans la tige du lotus, et trouvant enfin *Nârâyana (Vichnou)* endormi, il lui demanda qui il était. Je suis le premier né, répondit *Vichnou; Brahmâ* lui contesta ce titre et osa l'attaquer. Mais pendant la lutte *Mahâdeva (Shiva)* se précipita au milieu d'eux en s'écriant : C'est moi qui suis le premier né. Toutefois je reconnaîtrai comme plus grand que moi celui qui sera capable de voir le sommet de ma tête ou la plante de mes pieds. *Vichnou*, se changeant en sanglier, creusa la terre et pénétra jusque dans les régions infernales, où il vit les pieds de *Mahâdeva*. Celui-ci, à son retour, l'appela le premier né des dieux.

En mémoire de cette incarnation, *Vichnou* est représenté avec une tête de sanglier.

Jacquet.   Lith. de Marlet & Cie

Varâhavâtâram

5 वराहावतारं

STATUE D'UN BHOUTA

OU MAUVAIS GÉNIE.

La statue colossale représentée dans notre planche est celle d'un Mauvais Génie qui veille à la porte du temple de *Mannâr,* divinité dont le culte est très-répandu parmi les Hindous de race tamoule. Elle est en brique, recouverte d'un stuc dont on se sert dans l'Inde pour enduire les murs des maisons, et qui acquiert, à la longue, autant de dureté que d'éclat. *Mannâr,* auquel on donne le titre sanscrit de *Svâmî,* seigneur, passe parmi quelques Hindous pour *Mahâdeva,* parmi d'autres pour *Vichnou;* le plus grand nombre prétend que c'est une incarnation de *Soubrahmanya,* un des fils de *Shiva.* Mais les Brahmanes, qui méprisent le culte de *Mannâr* et n'officient jamais dans ses temples, ne l'admettent pas dans le Panthéon indien. Ses prêtres appartiennent à la nombreuse tribu des *Palli,* caste d'origine tamoule, et peu respectée, quoiqu'elle se dise issue des anciens *Shoûdras.* Ses temples, petits et de peu d'apparence, sont bâtis dans les plaines, ils renferment la statue en pierre de la divinité; quelquefois l'objet principal qu'on y trouve est le *Lingam,* avec l'image des fils de *Shiva,* et celle de douze jeunes filles. C'est à cette dernière circonstance que *Mannâr* doit le titre de dieu des vierges, qu'on lui donne dans quelques parties du Coromandel. A la porte du temple sont des statues plus ou moins nombreuses, représentant ou des mauvais génies, ou des éléphants, ou des chevaux, qui passent pour les gardiens de *Mannâr.* Les Tamouls nomment ces êtres malfaisans *Bhoûdom,* altération du sanscrit *Bhoûta,* et les habitans de Pondichéri appellent celui que représente notre planche le *Grand diable d'Ariancoupam.*

Lith. de Motte et Cⁱᵉ r. des Bourdonnais N° 19

Statue d'un Bhoûta ou mauvais génie,

près d'Ariancoupam.

NARASINHAVATARAM

OU INCARNATION DE VICHNOU EN HOMME-LION.

Les livres sacrés des Hindous racontent ainsi la quatrième incarnation de *Vichnou*. Deux gardiens du palais de ce dieu poussèrent l'orgueil jusqu'à insulter les sept pénitents (*Maharchi*) qui étaient venus lui rendre hommage. Ceux-ci les maudirent, et les condamnèrent à renaître trois fois sous une forme mortelle avant de remonter dans les cieux. L'un fut *Hiranyâkcha*, le chef des démons, que *Vichnou* mit à mort dans l'incarnation précédente; l'autre fut le *Daitya Hiranya-kashipou* (celui qui a un vêtement d'or), et c'est pour le punir que *Vichnou* s'incarna en homme-lion.

Pendant plusieurs millions d'années le chef des mauvais génies s'était livré aux mortifications les plus pénibles en l'honneur de *Brahmâ*. Ses austérités avaient reçu leur récompense; il était souverain de l'univers, et avait obtenu d'être invulnérable aux attaques d'un dieu, d'un homme, ou d'un animal, le jour et la nuit, au ciel et sur la terre. Sa tyrannie et son impiété devinrent excessives. Plus d'une fois son fils *Prahlâda*, le plus fervent des adorateurs de *Vichnou*, tâcha par ses exemples et ses discours de le rappeler au culte des dieux. Un jour dans une dispute où *Prahlâda* soutenait contre son père que l'Être suprême était présent partout, Eh quoi! s'écrie *Hiranyakashipou*, Dieu est-il donc dans cette colonne? montrant de la main un pilier qui soutenait le seuil de la porte; et, comme pour ajouter le défi au blasphème, il le frappe de son glaive. Le pilier s'entr'ouvre et laisse voir la figure horrible de *Vichnou*, moitié homme, moitié lion. *Narasinha* se précipite sur le démon, le soulève par les cheveux, et après une lutte d'une heure, au moment où le jour allait finir, il le lance contre les débris de la colonne et le met en pièces.

Cette incarnation, ainsi que celles qui l'ont précédée, a eu lieu dans le premier des quatre âges hindous, appelé *Satyayouga*. Elle s'en distingue cependant en ce qu'elle ne paraît faire allusion à aucun évènement cosmogonique.

Lith. de Marlet et Cie rue du Bouloi, N° 19

Narasinhâvatâram.

S. नरसिंहावतारं

VAMANAVATARAM

OU INCARNATION DE VICHNOU EN NAIN.

La Planche Ire représente la cinquième descente de *Vichnou* sur la terre, ou son incarnation en Brahmane nain.

Bali, un des plus puissants monarques qui régnèrent dans le second des quatre âges hindous, possédait l'empire des trois mondes. Fier de sa grandeur, il oublia qu'il ne la devait qu'aux mortifications les plus sévères, et négligea le culte des dieux. *Vichnou* résolut de le punir, et s'incarna en Brahmane nain. Un jour que *Bali* offrait un sacrifice, le nain se présenta devant lui, récitant les *Vedas*. Charmé de sa science, le roi lui ordonna de demander une récompense, et promit de la lui accorder. « Donne-moi autant de terre qu'en pourront mesurer trois de mes pas, » répondit le nain. Cependant *Shoukra*, ministre de *Bali*, avait reconnu le dieu sous cette humble apparence. Redoutant les conséquences de la promesse que lui avait faite le roi, il lui conseilla de se rétracter. Mais *Bali*, fidèle à sa parole, malgré les dangers dont *Shoukra* le menaçait, la ratifia suivant l'ancien usage des Hindous, qui consiste à verser de l'eau dans les mains du donataire. A peine les premières gouttes en étaient répandues, que le nain grandit démesurément; c'était *Vichnou*, qui, reprenant sa forme divine, en deux pas franchit le ciel et la terre, et du troisième eût atteint les régions infernales, si, pour récompenser *Bali* de sa fidélité à tenir ses promesses, il ne lui en eût laissé l'empire.

Cette incarnation est remarquable en ce que c'est la première dans laquelle *Vichnou* revête une forme humaine.

Vâmanâvatârum.

S. वामनावतारं

PARASHOURAMA.

Dans le second des quatre âges hindous vivait un saint Brahmane nommé *Djamadagni*, à la garde duquel *Indra*, le Jupiter des Indiens, avait confié la vache céleste *Kâmadhenou*, dont l'inépuisable fécondité accordait à celui qui en était possesseur les biens les plus précieux. Un jour *Kârtavîrya*, roi puissant de la caste guerrière, s'étant égaré à la chasse, se présente épuisé de fatigue à l'ermitage de *Djamadagni*. Le pénitent, grâce à la générosité de *Kâmadhenou*, offrit au roi un festin splendide. Etonné d'une telle magnificence, celui-ci voulut en connaître la cause, et quand *Djamadagni* lui eut montré la vache miraculeuse, le roi employa les prières et la violence pour s'en emparer. *Parashourâma*, fils du pénitent, accourut pour défendre son père et sauver son précieux dépôt, et, après une lutte, que les forces surnaturelles du roi rendirent longue et redoutable, il trancha la tête à son ennemi. Dès lors commença entre le fils du Brahmane et la famille du *Kchatriya* une guerre sanglante, qui ne finit que par l'entier anéantissement de la caste militaire. *Parashourâma* la vainquit dans vingt et un combats, extermina depuis l'enfant jusqu'au vieillard, et donna l'empire de la terre aux Brahmanes.

Une tradition universellement répandue dans le sud de l'Inde ajoute que *Parashourâma*, souillé du meurtre de tant d'êtres vivants, et rejeté de la société des Brahmanes eux-mêmes, se retira sur le mont *Gokarna*, qui faisait partie de la chaîne des Gates occidentaux. A cette époque, la mer baignait le pied de ces montagnes. *Parashourâma* invoqua le Dieu de l'Océan, et le pria de lui abandonner l'étendue de terrain que sa flèche pourrait parcourir. Le Dieu lui accorda sa demande; mais un sage pénitent, *Nârada*, l'avertit que *Parashourâma* était une incarnation de *Vichnou*, que la flèche lancée par cette main puissante irait par delà les limites de l'Océan, et que son imprudente promesse allait le priver de son empire. Alors le Dieu des eaux envoya une fourmi blanche ronger la corde de l'arc, pour qu'elle se rompît quand *Parashourâma* voudrait le bander. Cependant la flèche eut encore assez de force pour atteindre jusqu'au cap Comorin, et aussitôt la mer abandonna la côte, qui fut nommée *Malayam* ou Malabar, parce qu'elle est située au pied des monts *(Malai)*.

Parashourâma tient d'une main une fleur de lotus, de l'autre une hache ou *Parashou*, d'où il tire son nom. La couleur verte de l'une des deux représentations de notre planche est attribuée au long séjour du Dieu dans les forêts.

(XIe LIV. PL. I.)

Parashourâmah.

S. परशुरामः

RAMAVATARAM.

Vichnou, appelé par les Tamouls *Peroumâl* ou le Seigneur, s'incarna pour la septième fois en *Râma*, fils de *Dasharatha* roi d'Aoude. *Râma*, que les Hindous surnomment *Tchandra* pour le distinguer de la sixième incarnation de *Vichnou*, était appelé par la voix du peuple et le choix de son père à partager avec lui le trône sous le titre de *Youvarâdja*, quand une des femmes de *Dasharatha*, qui lui avait jadis sauvé la vie, obtint pour récompense que *Râma* serait envoyé en exil et *Bharata* élu à sa place. Pendant que *Râma* vivait en pénitent dans les forêts, le géant *Râvana* que les Brahmanes disent roi de *Lankâ* ou Ceylan, mais qui, d'après la tradition répandue dans le sud de l'Inde, possédait en outre l'extrémité méridionale de la péninsule, enleva *Sîtâ*, incarnation de *Lakchmî*, qui avait suivi son époux sur la terre. *Râma* parcourut toute l'Inde pour retrouver *Sîtâ;* et comme ses recherches étaient sans succès, il fit alliance avec *Sougrîva*, roi des singes qui habitaient les montagnes du Décan, et obtint de lui qu'une armée de singes et d'ours irait à la poursuite du ravisseur. *Hanoumân*, un des généraux de *Sougrîva*, traversa d'un saut le détroit qui sépare *Lankâ* du continent, et après avoir reconnu que *Sîtâ* était prisonnière de *Râvana*, il incendia la capitale de l'île et revint vers *Râma*. Arrivée à l'extrémité de la péninsule, l'armée des singes combla le détroit avec d'énormes montagnes, et passa sur un pont nommé par les Hindous *Pont de Râma* (*Râma Setoubandha*), et par les Musulmans et les Européens *Pont d'Adam*. Alors commencèrent entre *Râma* et *Râvana* ces combats terribles qui sont décrits dans le célèbre poème nommé *Râmâyana*, une des plus brillantes productions du génie poétique des Hindous. *Râma* coupa jusqu'à cent fois les dix têtes de *Râvana* qui renaissaient sans cesse, et finit par le percer d'une flèche immortelle. Le héros, après avoir recouvré *Sîtâ*, qui était sortie victorieuse de l'épreuve du feu à laquelle l'avaient soumise les soupçons de son époux, remonta sur le trône de ses pères. Ses craintes jalouses l'y poursuivirent, et *Sîtâ* fut envoyée en exil à l'ermitage de *Vâlmîki*, l'auteur supposé du *Râmâyana*. Elle y donna le jour à deux fils *Kousha* et *Lava*, qui plus tard succédèrent à leur père. Cependant elle rentra en grâce auprès de *Râma*, qui la reçut avec ses enfants; mais comme il exigeait de nouveau qu'elle passât par le feu, la mère de *Sîtâ*, *Prithivî*, ou la terre personnifiée, s'entr'ouvrit sous ses pas et la reçut dans son sein. *Râma* après un long règne mit fin à sa vie mortelle en se précipitant dans le fleuve *Sarayou*.

Vichnou, dans cette incarnation, connue des Tamouls sous le nom de *Râmasâmi* (*Râma Svâmî*), est représenté de couleur verte; près de lui est sa femme *Sîtâ* et à ses pieds le singe *Hanoumân*.

Pl. 1.

Pl. LIV.

Râmâvatâram.

S. रामावतारं

KRICHNAVATARAM.

Krichna, la plus célèbre des incarnations de *Vichnou*, naquit à Mathoura, de *Devakî* et de *Vasoudeva*, de la caste guerrière. Dès sa plus tendre enfance, la protection du ciel se manifesta en sa faveur. Il échappa miraculeusement aux embûches de son oncle *Kamsa*, auquel le destin avait annoncé que *Krichna* le mettrait à mort. Caché à Vrindâvan chez *Nanda,* il fut élevé au milieu des pâtres et des bergères. Mais les jeux et les plaisirs de sa jeunesse trahissaient déja un Dieu. Il donna la mort à une nourrice perfide qui lui présentait un sein empoisonné. D'un coup de pied il brisa un chariot. Pendant une tempête envoyée par le dieu du ciel, dont les autels étaient abandonnés pour le jeune *Krichna,* il soutint sur le bout de son petit doigt le mont Govardhan, et s'en servit pour abriter les habitants et leurs troupeaux. Ses amours merveilleux avec les seize mille bergères sont célébrés dans des livres que les Hindous regardent comme sacrés, et ils embellissent les compositions les plus estimées de leurs poètes érotiques. Bientôt *Krichna* commença l'accomplissement de sa mission en tuant *Kamsa.* Il soutint une longue guerre contre *Djarâsandha,* qui était venu pour venger la mort du roi de Mathoura; et, forcé d'abandonner cette ville, il se retira dans le Guzarate, où il bâtit *Dvârakâ,* sur le bord de la mer. Cette ville devint la capitale des *Yâdavas* ou enfants de *Yadou,* dont *Krichna* était le chef, et il y passa de longues années, partagé entre de glorieuses entreprises et l'amour de ses nombreuses femmes. Cependant commençait la guerre terrible, décrite dans le Mahâbhârat, entre la race de *Pândou* et celle de *Kourou. Krichna* y prit part et conduisit le char d'*Ardjouna*, l'un des *Pândavas.* C'est, dit-on, au moment d'une bataille entre les deux armées qu'il lui révéla la doctrine philosophique contenue dans l'épisode du Mahâbhârat appelé *Bhagavadgîtâ* ou le chant du Seigneur. Après avoir mis fin à cette longue guerre et replacé sur le trône *Youdhichthira,* le chef des enfants de *Pândou,* il permit que sa propre race, maudite par un pénitent outragé, fût complètement anéantie; et lui-même, après s'être retiré dans un buisson, périt de la flèche d'un chasseur.

Krichnavatáram.

S. कृष्णवतारं

GANESHA OU POULEAR.

Ganesha ou *Poulear* est regardé comme le premier des fils de *Shiva* et de *Dourgâ*. Au moment de sa naissance, les *Devas* dans la joie vinrent lui rendre hommage. *Shani*, ou le génie de la planète Saturne, dont les regards réduisent en cendres tout ce qu'ils atteignent, restait seul en arrière et la tête baissée. *Dourgâ*, prenant sa réserve pour une insulte, lui fit d'amers reproches, auxquels *Shani* resta quelque temps insensible; mais enfin, poussé à bout, il regarda *Ganesha*, et aussitôt la tête de l'enfant fut consumée. *Brahmâ*, pour consoler sa mère, ordonna à *Shani* de couper la tête du premier être vivant qu'il rencontrerait couché du côté du Nord, et de la mettre à la place de celle de *Ganesha*. Les Indiens pensent qu'on ne peut impunément dormir la tête placée vers le Nord, et quelques légendes même attribuent le malheur de *Ganesha*, non à l'influence maligne de *Shani*, mais à ce que *Dourgâ*, au mépris des livres sacrés, l'avait couché dans cette position funeste. Toutefois, le premier être que trouva *Shani* fut un éléphant, et depuis lors *Ganesha* porte la tête de cet animal, d'où il est quelquefois appelé *Gadjânana* « à la face d'éléphant ». *Ganesha*, c'est-à-dire le chef des diverses classes de divinités inférieures qui forment la cour de *Shiva* son père, est un des dieux le plus universellement adorés par les Hindous. On le considère comme capable de faire naître et d'écarter les obstacles. Aussi est-il également invoqué dans toutes les cérémonies religieuses, comme dans les moindres actes de la vie privée. Tous les livres indiens s'ouvrent par une courte prière en son honneur Son image est souvent peinte au-dessus de la porte des maisons, et généralement dans tous les lieux fréquentés. Presque toutes les familles en possèdent une petite statue en bronze, qu'elles vénèrent chaque jour comme leur divinité domestique.

Parmi les diverses légendes relatives à *Ganesha*, il en est une qui paraît avoir donné lieu au nom de *Poulear*, sous lequel il est plus particulièrement connu dans l'Inde méridionale. *Pârvatî* étant un jour au bain, éprouva un violent désir d'avoir un fils; une sueur abondante couvrit tout son corps, et au moment où elle l'essuyait, elle trouva dans le creux de sa main un petit enfant. *Shiva*, son mari, fut très étonné de se voir un fils dont il ignorait l'origine, et il demanda d'un ton sévère : « Quel est cet enfant », en tamoul, *Pillai âr?* Ces deux mots réunis s'écrivent *Pillaiyâr* (*Puer quis?*) et se prononcent ordinairement *Poulear*.

Lith. de Marlet et Cie, r. du Bouloi, N° 19

Ganesha ou Poulear.

S. गणेशः T. பிளளையார

(d'après un bronze)

INDRA OU DEVENDREN.

Devendren, altération tamoule du sanscrit *Devendra,* ou plus communément *Indra,* est fils d'*Aditi* et de *Kashyapa,* qui a donné son nom à la vallée de Cachemire. C'est le dieu du ciel visible, et il habite, au-dessus des nuages, un séjour de délices appelé *Svarga.* Il est monté sur un éléphant blanc, et porte un glaive, image de la foudre, un de ses attributs. Son corps est couvert d'yeux, au nombre de mille, qui, suivant quelques autorités, représentent les étoiles dont la voûte céleste est semée. Mais d'anciennes fables expliquent cette particularité d'une manière qui s'accorde mieux avec les mœurs licencieuses que la mythologie prête à ce dieu. *Indra* préside aux élémens, et, dans les temps de sécheresse, on lui adresse des prières pour obtenir de la pluie. Il est encore compté au nombre des huit gardiens des points cardinaux, ou, suivant d'autres, des dix protecteurs du monde. A ce titre, il occupe la partie orientale du ciel.

Indra, dans sa demeure céleste, vit au milieu des sages, des bienheureux, des génies, des planètes, et des ames des héros morts en combattant. Tous ceux qui, sur la terre, sont parvenus à un certain degré de sainteté, sont, quelle que soit leur caste, admis dans ce séjour divin, où l'ambroisie, la vache miraculeuse et l'arbre de vie satisfont incessamment leurs désirs. C'est de là que le dieu fait la guerre aux géans qui, à diverses époques, essayent de le renverser; c'est de là qu'il surveille les pieux Brahmanes, dont les puissantes austérités menacent de lui ravir son pouvoir. Son règne dure cent années divines, et, après cette époque, un dieu, un mauvais génie, ou un homme, peut, si ses austérités lui en donnent le droit, s'asseoir à sa place, et devenir *Indra.* Aussi *Indra* est-il un nom générique, et il est donné à quiconque est, de fait, souverain du ciel. On en reconnaît un pour chacune des quatorze périodes dans lesquelles se divise un âge de la création.

Pl. I.

Indra ou Devendren,

S. इन्द्रः T. தேவேந்திரன

PORTRAIT

DU BRAHMANE CANABADY SOUPRAYA.

Ce Brahmane âgé de cinquante ans est grand-prêtre de la pagode et chef supérieur des Brahmanes de Pondichéry, et de plus premier assistant de la grande pagode de Vilnour, à quatre lieues à l'ouest du chef-lieu des établissements français. M. Géringer eut beaucoup de peine à le décider à venir chez lui, et à se laisser peindre. Il opposait sans cesse son caractère de *Gourou* (maître), et prétendait qu'il ne pouvait, sans se souiller, avoir aucun rapport avec un *Kapoukara.* Ce mot tamoul, qui signifie *marin,* est celui que les habitants de la côte de Coromandel donnent à tous les étrangers venus par mer. *Canabady* assurait qu'il serait obligé après chaque séance d'aller prendre un bain pour se purifier des souillures qu'il aurait infailliblement contractées. Il céda cependant après l'assurance formelle que M. Géringer éviterait de le toucher, et se tiendrait éloigné de lui de quatre ou cinq pas.

Les trois lignes blanches que ce Brahmane porte sur le front semblent indiquer qu'il appartient à la secte des *Smârtas* ou des Brahmanes attachés à la doctrine enseignée dans les livres de jurisprudence, et qui reconnaissent pour chef *Sankarâtcharya,* célèbre philosophe du neuvième siècle. Elles sont formées avec une pâte odoriférante qu'on obtient en frottant du bois de sandal sur une pierre mouillée. Le petit cercle d'environ un pouce de diamètre placé au-dessous des trois lignes est un ornement commun à toutes les castes hindoues. Mais le grand et le petit collier dont le premier est composé de graines appelées *Roudrâkchas* (yeux de *Shiva* [1]), sont des marques distinctives du haut rang de *Canabady*. Son bonnet de velours est remarquable par sa ressemblance avec la mitre des évêques; on y voit *Shiva* et sa femme *Pârvatî* portés sur le bœuf *Nandi*, et suivis de leur fils *Kartikeya.*

Le titre de *Gourou* donne à celui qui en est revêtu le droit de surveiller les membres de sa caste, et de leur infliger des amendes et souvent même des punitions corporelles. C'est le chef des prêtres du pays, et c'est lui qui a l'inspection des pagodes. La hiérarchie sacerdotale se compose de *Gourous*, chefs religieux de districts plus ou moins étendus, et soumis tous à un *Mahâgourou* (grand-prêtre), qui réside dans la province et dont le siége se nomme *Sinhâsana.*

[1] Elæocarpus granitus.

PL. 2. 17e LIV.

Portrait du Brahmane Canabady Soupraya.

LA BRAHMINE MARIAMMANE.

La Brahmine *Mariammane*, femme du Brahmane *Canabady Soupraya*, est agée de vingt-huit à trente ans. Elle consentit à se laisser peindre, pourvu que sa mère, femme très-agée, l'accompagnât chez M. Géringer.

Ses cheveux sont frottés d'huile de *Gengely* [1], et lissés sur le front avec beaucoup de soin. Les bijoux qu'elle porte aux oreilles sont tous d'or, suivant l'usage; il en est même un d'une grande dimension. Les Hindous, qui attachent beaucoup de prix à ce genre d'ornement, percent les oreilles de leurs enfans dès l'âge le plus tendre, et pour élargir l'ouverture, d'abord très-étroite, qu'ils y ont faite, ils y introduisent successivement de petites broches de bois, puis des anneaux de plus en plus volumineux. La narine gauche et la cloison nazale de la Brahmine *(Brâhmanî* et, suivant la prononciation tamoule, *Brâhmadi)*, portent les boucles dont nous avons précédemment parlé.

Son front est marqué des mêmes signes que celui de son mari; ils prouvent qu'elle appartient à la même secte; seulement le petit rond, appelé *Pottou*, est bleu au lieu d'être jaune [2].

Le teint de *Mariammane* est blanc si on le compare à celui des Hindous des autres castes : en général il est rare de trouver une Brahmine noire. A la côte de Coromandel on remarque parmi les femmes de la caste sacerdotale une assez grande variété de couleur. Elles ont le teint cuivré clair, ou jaune, ou tirant sur le sable rouge; mais le jaune n'est souvent qu'une couleur empruntée qu'elles doivent à l'usage où elles sont de se frotter avec du safran toutes les parties visibles du corps.

(1) *Sesamum orientale.*

(2) *Pottou* est le mot tamoul qui désigne la marque circulaire que les Hindous s'appliquent sur le front, et qui dans les textes sanscrits s'appelle *tilaka* ou *tamâlapatra.*

La Brahmine Mariammane.

KICHENASSAMI.

Kichenassâmi, âgé de 28 ans, greffier de la police de Pondichéry, appartient à la caste d'origine tamoule, nommée *Vellâla* ou *Vellâja.* Elle passe pour descendre de la quatrième des castes pures, celle des *Shoûdras.* Les *Vellâler* se subdivisent en plusieurs autres tribus, dont la plus distinguée est celle des laboureurs. *Kichenassâmi,* dont le nom est sanscrit [1], est de celle qui prend le titre de *Palai,* qu'on ajoute au nom propre des individus qui en font partie. Les *Vellâler* qui ne sont pas laboureurs peuvent indifféremment embrasser une profession quelconque. Il en est même auxquels la chair des animaux n'est pas interdite. Le plus grand nombre suit le culte de *Shiva;* quelques uns cependant, comme *Kichenassâmi,* ont adopté celui de *Vichnou;* les trois lignes tracées sur son front, et la dénomination de *Kichena (Krichna,* incarnation de *Vichnou),* ne laissent aucun doute à cet égard.

Ce qui augmente l'importance des *Vellâler,* c'est qu'ils forment une des principales divisions de la faction célèbre appelée en tamoul *la main droite (Valangai).* Dans le sud de l'Inde, les Hindous, à l'exception des Brahmanes, des *Kchatriyas,* et de quelques tribus de *Shoûdras,* sont séparés en deux grandes classes, *la main droite* et *la main gauche (Idangai).* La première se compose des principaux *Shoûdras,* presque tous laboureurs, et des *Parrier* ou *Parias;* et la seconde, des *Vaishyas,* marchands, des *Pantchâlas* ou des cinq castes d'artisans, et des *Chakilis* ou cordonniers. L'origine de cette division est attribuée à la déesse *Kâlî,* femme de *Shiva,* qui accorda jadis à la plus noble des deux factions certains privilèges, tels que le droit d'aller à cheval dans les processions en l'honneur des dieux, d'y paraître avec un drapeau portant l'image de *Hanoumâ,* d'avoir douze piliers à leur *Pandel.* Ils sont mentionnés, dit-on, dans une inscription sur cuivre conservée dans le temple de Candjevaram. La *Main gauche,* ainsi nommée de la place qu'occupaient ses membres à la gauche de la déesse, se dit la plus noble; la *Main droite* lui dispute ce titre, ainsi que les honneurs qui y sont attachés : et ces prétentions réciproques excitent souvent parmi les Hindous des querelles sanglantes.

(1) *Kichenassâmi*, qu'on écrit en tamoul *Kirichnen souvâmi*, répond au sanscrit *Krichnasvâmi*, le seigneur *Krichna*.

Kichenassami,

agé de 28 ans.

S. कृषास्वामी T. [illegible]

RAMMOHUN ROY.

Rammohun Roy, le Brahmane le plus célèbre de l'Inde par ses vastes connaissances et ses opinions philosophiques, est né, vers 1780, à Burdwan, dans le Bengale. Son éducation fut commencée dans la maison paternelle, où il apprit le persan. Après avoir étudié à Patna la logique et l'arithmétique dans les traductions arabes d'Aristote et d'Euclide, il vint à Calcutta pour se familiariser avec l'idiome sacré des Brahmanes, le sanscrit. En 1804 ou 1805, la mort de son père et de ses deux frères le laissa maître d'une fortune très considérable. Il s'établit à Mourshedabad, où avaient vécu ses ancêtres, et commença sa carrière littéraire par la publication d'un ouvrage en persan, avec une préface en arabe, *Contre l'idolâtrie de toutes les religions*. La liberté de ses principes souleva contre lui les Hindous et les Mahométans; et il crut nécessaire de se retirer à Calcutta, où il vint se fixer en 1814. Au bout de quelques années, il fut nommé collecteur des deniers publics pour le gouvernement du Bengale. Ses fonctions l'obligèrent à apprendre l'anglais, qu'il parvint bientôt à parler et à écrire avec une facilité et une élégance remarquables. Il s'appliqua aussi au latin, au grec et à l'hébreu, et acquit une connaissance assez étendue des deux derniers idiomes, pour pouvoir citer, dans ses traités religieux, les textes originaux de l'Ancien et du Nouveau-Testament. Dès lors il se livra avec le plus grand zèle à l'accomplissement de la tâche qu'il s'était imposée, la réforme du culte des Hindous et la propagation du déisme. Ses nombreuses publications eurent pour but d'établir l'existence d'un Dieu éternel, infini, qui n'exige de ses adorateurs d'autre culte que la pratique d'une sévère morale. Il fit paraître successivement, en bengali et en anglais, des extraits des Védas, pour prouver que ces anciens livres n'enseignaient que le déisme le plus pur. Considérant le Nouveau-Testament sous le même point de vue, il publia, en sanscrit, en bengali et en anglais, *Les Préceptes de Jésus*, c'est-à-dire la morale de l'Évangile, indépendamment de la partie historique et dogmatique. Cet ouvrage fut attaqué par le savant missionnaire Marshman, de Sérampore. *Rammohun Roy* prit la défense de son livre; et dans trois pamphlets, intitulés, *Premier, Second* et *Dernier Appel au Public chrétien*, il continua de réclamer en faveur de l'indépendance de la morale, et tâcha d'établir que le dogme de la Trinité n'était enseigné ni dans l'Ancien ni dans le Nouveau-Testament; et que d'ailleurs il serait toujours inadmissible, puisque tous les arguments qu'on fait valoir contre le polythéisme peuvent avec un égal succès être invoqués contre la pluralité de personnes en Dieu.

Ram-Mohun-Roy.

S. राममोहनराजा

MOUTTOUVIRA SOUPRAYA.

Mouttouvira Soupraya, de la caste nommée *Toulouva Vellâja,* est fils de *Râmalinga,* ancien fournisseur général des armées françaises dans l'Inde sous l'administration de M. de Lally. Pendant le siége du fort Saint-David par les Français, en 1756, l'armée se trouvait dans le plus grand dénûment. *Râmalinga* fut le seul qui osa se charger de l'approvisionner; grâces à son activité l'abondance fut ramenée dans le camp, et le fort enlevé aux Anglais. Quelque temps après, il prit à ferme les domaines du Roi, et fut envoyé en mission auprès des chefs Mahrattes pour les engager à venir au secours de la compagnie française. Mais, en 1761, Pondichéry ayant été pris par les Anglais, *Râmalinga,* ruiné comme tous les habitants de cette ville, perdit l'espoir de recouvrer les sommes considérables qu'il avait avancées au gouvernement. Tant de désastres n'abattirent pas son courage. Enfermé dans le fort de Candjevaram, dont les Anglais pressaient le siége, il fit, à défaut de munitions, charger les canons avec ses roupies. Enfin, lorsque Pondichéry se rendit pour la seconde fois aux Anglais, en 1778, il mourut de chagrin, laissant d'immenses dettes et une nombreuse famille. *Mouttouvira,* son fils aîné, était alors âgé de quinze ans. Il servit avec honneur sous M. de Bussy, et depuis fit tous ses efforts pour recouvrer une partie des sommes dues à son père. Un arrêté du conseil de Pondichéry, daté de 1791, liquida ses créances à la somme de 3 millions, et alloua une rente viagère de 6000 livres à *Mouttouvira.* Mais quoique cet arrêté eût été, en 1792, notifié au ministre de la marine, *Mouttouvira* ne toucha jamais sa pension; sa famille fut réduite à la plus affreuse misère, et lui-même forcé, pour subsister, de se faire *Pandâram* (espèce de mendiant dont il sera parlé plus bas). En 1817, quand les Français furent rentrés en possession de Pondichéry, il obtint sur sa pension de 6000 livres une rente viagère de 2000 francs. Plus d'une fois il fut tenté de venir en France pour y faire valoir ses droits; mais la crainte de ne pouvoir remplir facilement tous les devoirs que lui impose sa croyance l'a toujours retenu. Il appartient en effet à une des castes les plus respectées, et les plus sévères sur la stricte observance des usages brahmaniques. Il ne mange jamais rien de ce qui a eu vie et ne se nourrit que de légumes. Aujourd'hui, *Mouttouvira* demande que le gouvernement français l'indemnise de ses pertes par la concession à perpétuité de quelques arpents de terre pour sa famille; car il espère se retirer bientôt dans la solitude, afin d'y accomplir les vœux qu'il a formés.

Mouttouvira Soupraya.

LATCHOUMANA.

Latchoumana, âgé de trente à trente-cinq ans, et *Dobhachi* ou interprète de profession, a servi en cette qualité M. Géringer pendant son séjour à la côte de Coromandel. Il en recevait par mois deux pagodes, ou environ 2 fr. 80 c. Le signe du *Nâmam* tracé sur son front indique qu'il fait partie de la secte de *Vichnou.*

Les *Dobhachis* (dont le nom dérive des deux mots sanscrits *dvi, deux* et *bhâchâ, langue*) appartiennent indistinctement à toutes les castes. Les Brahmanes qui embrassent cet état doivent néanmoins à leur noble origine d'être les plus respectés; ils occupent, ainsi que nous l'avons dit plus haut, les places importantes dans l'administration. Les *Dobhachis* des castes inférieures remplissent, auprès des étrangers que le commerce attire dans l'Inde, les fonctions d'interprètes et d'hommes d'affaires. Les évènements politiques qui ont soumis ce vaste pays à la domination européenne ont multiplié le nombre de ces hommes adroits, qui, placés entre les maîtres et les sujets, cherchent à s'enrichir aux dépens des uns pour échapper à l'abaissement des autres. Les premiers Hindous que rencontre un voyageur à son arrivée à la côte de Coromandel sont des *Dobhachis;* montés sur de longues barques, ils bravent la lame qui se brise avec violence sur le rivage, et atteignent le navire avant que les passagers en soient descendus. La couleur de leur teint varie du noir au brun cuivré; mais, comme leur tribu se compose d'Hindous de toutes castes, leur figure n'offre aucun caractère propre qui les fasse reconnaître. Ils sont plus couverts que la plupart des autres habitants du Coromandel; leur vêtement se compose d'un turban, d'une écharpe, et d'une robe de mousseline blanche, ordinairement très ample; ils ont l'habitude d'en rassembler les plis sur le devant du corps, ce qui leur donne l'apparence d'un embonpoint excessif. Les anneaux qu'ils portent aux oreilles leur pendent quelquefois jusque sur les épaules.

Le nom de *Latchoumana* est l'altération tamoule du sanscrit *Lakchmana,* le fortuné.

Latchoumana

S. लक्ष्मणः

SANTOUSA.

Santousa, âgé de quarante-cinq à cinquante ans, exerce à Pondichéry la profession de changeur. Cet homme actif a gagné dans la fabrication et dans le commerce des toiles une immense fortune, qu'il emploie maintenant à des opérations de bourse.

Comme tous les changeurs Hindous, il se tient dans le bazar, entouré de monceaux de pièces de tout genre, depuis la *Pagode* d'or jusqu'au *Kaori* [1]. On appelle ainsi de petits coquillages qui servent de monnaie; on les trouve en abondance aux Maldives. Les habitants de ces îles, encore presque barbares, viennent, avec le retour de la mousson du sud-ouest, en apporter à Ceylan et sur les côtes de l'Inde d'immenses chargements. De là ils se répandent dans toute la presqu'île, où ils sont d'un usage général; il y a telle partie du Maïssour dont les habitants n'ont jamais vu d'autre monnaie. Seize *Kaoris* font un *Cache*, pièce de cuivre dont le nom dérive du sanscrit *Karcha.* Quatre-vingts *Kaoris* font un *Fanom* (en sanscrit *Pana*), très petite monnaie d'or ou d'argent. Il y a jusqu'à vingt-trois espèces de *Fanoms* dans le sud de l'Inde, dont la valeur varie de 74 à 26 cent.; le plus répandu à la côte de Coromandel, celui d'argent, vaut environ six sous de notre monnaie. Après le *Fanom* viennent la *Roupie* et la *Pagode.* La *Roupie* (du sanscrit *Roûpya*) est une pièce d'argent qui, à Pondichéry, vaut 2 fr. 50 cent. On en compte dans la presqu'île quatorze espèces, dont la plus élevée représente 2 fr. 50 cent., et la plus basse 2 fr. 12 cent. La *Pagode* est une monnaie d'or; ce nom est donné par les Européens aux pièces qui offrent d'un côté l'empreinte d'une figure quelconque, ordinairement d'une divinité indienne ; il dérive du mot *Boutkada,* par lequel les Persans désignent à la fois les temples hindous et l'idole qu'on y révère. Dans le sud de l'Inde, les *Pagodes* sont appelées par les indigènes *Varaha,* et par les mahométans *Houn*, mot emprunté au dialecte hindi. On en rencontre vingt-trois espèces différentes qui valent depuis 8 fr. 97 cent. jusqu'à 6 fr. 50 cent.

Santousa appartient à la secte de *Shiva*, comme le prouvent les trois lignes tracées sur son front. Le petit rond ou *Pottou* n'a aucun sens religieux.

[1] *Kaori* passe pour l'altération hindie du sanscrit *Kapurda* ou *Cypræa moneta.*

Vafflard.

Lith. de Motte & Cie

Santousa.

LATCHIMI.

Latchimi, agée d'environ quarante ans, exerçait à Pondichéri la profession de sage-femme : son habileté la faisait également rechercher des Hindoues, et des Européennes établies dans cette ville.

A la côte de Coromandel, les sages-femmes appartiennent toutes à la caste peu estimée des barbiers. Mais la bassesse de leur origine ne les empêche pas d'amasser quelquefois une grande fortune. Il est rare, en effet, qu'outre le salaire qui leur est accordé elles ne reçoivent pas un cadeau de plus ou de moins de valeur, ordinairement une pièce d'étoffe en soie et coton, connue par les Européens sous le nom de *Pagne*. L'infanticide, ce crime si commun parmi les Bayadères et les Hindoues que la mort de leurs maris a réduites, jeunes encore, à l'humiliante condition de veuves, est pour les sages-femmes une source honteuse, quoiqu'avouée, de richesses. La connaissance, héréditaire dans leur caste, des propriétés de certaines plantes particulières à l'Inde, les met aussi en possession de secrets dont elles ne font que trop souvent un affreux usage.

Le nom de *Latchimi* est l'altération tamoule du sanscrit *Lakchmî*, la Fortune.

Latchimi.

S. लक्ष्मी

VARDAPA,

CHEF DE LA CASTE DES MOUTCHIS DE PONDICHÉRY.

Vardapa, chef de la caste dite des *Moutchis*, est âgé de quarante-cinq ans. Ses fonctions, comme chef de caste, consistent à rendre la justice et à veiller au maintien des usages de la tribu. Il exerce à Pondichéry la profession de peintre sur toile, et c'est à lui que M. Géringer doit la plus grande partie des dessins reproduits dans cet ouvrage. Il a colorié avec tout le soin dont il était capable les sujets représentant les dieux et les principales professions; et quoique ce travail ne donne pas une haute idée de son talent, il est extrêmement curieux comme image fidèle d'une nature qu'il n'était pas au pouvoir de l'artiste d'altérer, quand il en eût eu le désir. *Vardapa* offrit cette précieuse collection à M. Géringer, comme une marque de sa reconnaissance pour les soins que ce dernier avait donnés à sa femme, enlevée dans un accès de choléra-morbus.

Les *Moutchis*, dont il sera parlé plus bas, sont presque tous grands et bien faits. Leur visage est très régulier et se rapproche beaucoup de ce qui est, pour la race européenne, le type de la beauté. Les femmes sont généralement plus jolies et d'un teint plus clair dans cette caste que dans aucune autre. Les enfants y naissent presque blancs; mais l'ardeur du soleil, auquel ils sont sans cesse exposés, ne tarde pas à les colorer comme les autres Hindous. Les Albinos ne sont pas rares parmi les *Moutchis*, et on y rencontre fréquemment des individus dont la peau d'un brun foncé est bizarrement marquée de taches blanches.

Vardapa,

Chef de la Caste des Moutchis de Pondichery.

CAMMATATCHI, BAYADÈRE.

Cammatatchi, Bayadère âgée de 28 à 30 ans, vint à Pondichéry en 1824 à l'occasion du mariage du *Talaipâri* ou grand prévôt. Elle se faisait remarquer, au milieu des Bayadères qu'avait attirées cette brillante cérémonie, par une taille élégante et une physionomie expressive. Elle excellait surtout à la *Danse des sabres*, exercice dangereux dans lequel les Indiens développent une adresse et une agilité singulières. On fixe sur deux longues perches plusieurs sabres à des distances égales les uns des autres, et le tranchant tourné vers le ciel; l'appareil entier ressemble à une échelle dressée. Les Bayadères montent légèrement sur ces lames aiguisées, et y exécutent des danses voluptueuses qu'elles accompagnent de chansons en l'honneur de leurs dieux.

Parmi les bijoux de toute espèce dont les Bayadères se chargent les cheveux, les oreilles et le nez, on remarque, suspendu à leur cou, le petit ornement nommé *Tâli*, et que, seules avec les femmes mariées, elles ont le droit de porter. C'est l'emblème de leur union mystérieuse avec le dieu au service duquel elles ont consacré leurs talents. Comme toutes les femmes riches aux Indes, elles prennent les plus grands soins pour se garantir des ardeurs du soleil, et se frottent de safran toutes les parties visibles du corps; elles tâchent par ce moyen d'éclaircir la teinte fortement brunâtre de leur peau Elles sont en effet d'autant plus recherchées qu'elles se rapprochent davantage de la blancheur européenne. Aussi les riches Hindous du Coromandel font-ils venir à grands frais leurs Bayadères du Télingana et même des parties plus septentrionales de l'Inde, où les femmes ont le teint beaucoup moins foncé que dans le sud.

Cammatatchi,

Bayadère.

VINGADASSAN,

MENDIANT.

Vingadassan, âgé de quarante-quatre ans, chanteur et mendiant de profession, est né à Yanaon, comptoir français sur le Godavéri. Il quitta, jeune encore, son pays, et forma le projet de parcourir en pélerin l'Inde méridionale, dans le but de ramasser une somme d'argent assez considérable pour élever, à son retour, un temple à *Vichnou*.

Aussitôt qu'il arrive dans une ville, il se rend au bazar ou sur la place publique, et chante l'histoire des dieux en s'accompagnant de castagnettes en bois de fer, et d'une espèce de guitare, appelée par les Tamouls *Vounai* [1]. Ensuite, s'adressant à la foule qui l'entoure, il lui apprend qu'il a entrepris un immense voyage dans une intention pieuse, qu'il mendie pour bâtir un temple en l'honneur de son Dieu; enfin, il promet les bénédictions du ciel à ceux qui voudront s'associer à cette bonne œuvre. Lorsqu'il a recueilli quelques pièces de monnaie, il va s'établir dans une *Chaudrie*, où il recommence ses chants et son histoire, et y reste jusqu'à ce qu'il s'aperçoive que le zèle religieux des habitants commence à se ralentir.

Vingadassan avait l'oreille très musicale. Les distiques en langue télinga, qu'il chantait en s'accompagnant de sa guitare, avaient de l'harmonie, même pour un étranger; on y remarquait le retour fréquent d'un refrain dont l'air et le mouvement paraissaient lui plaire beaucoup. L'aspect de cet homme était singulier et contrastait fortement avec celui des Hindous de Pondichéry. Au lieu de porter, comme tous les autres adorateurs de *Vichnou*, les marques distinctives de sa secte, ou les deux raies tracées sur le front en forme de V, il avait voulu se distinguer en se barbouillant avec une poudre blanche la moitié du visage, et en laissant au milieu du front un espace vide pour y tracer le rond jaune appelé *Pottou*. Sa dévotion lui avait inspiré l'idée de ce bizarre ornement, et il n'oubliait jamais de le vanter comme une preuve de la ferveur de son zèle. L'importance qu'il y attachait paraissait ajouter beaucoup à la bonne opinion qu'il avait de lui-même, et c'est sans doute le sentiment d'un mérite peu commun qui lui fit mettre à un très haut prix la faveur de se laisser peindre par M. Géringer.

(1) *Vounai*, que l'on écrit en tamoul *Vinai*, est l'altération du sanscrit *Vinâ*.

Vingadassan, mendiant.

CANGASABADY CHETTI.

Cangasabady, appelé *Chetti*, du nom de la caste à laquelle il appartient, est âgé de quarante-deux ans. Il fait le commerce des toiles de coton, des indiennes, des mousselines, et des guingans fabriqués avec un mélange de coton et de fil formé de l'écorce de certains arbres. Une partie de ces produits sert à la consommation intérieure de l'Inde; l'autre est exportée dans la presqu'île au-delà du Gange, et en Europe. De même que les riches marchands du Coromandel, *Cangasabady* parcourt dans l'intérieur des terres les villages où des tisserands de profession font la toile qu'il leur achète pour la revendre ensuite; car le métier de fabricant et celui de marchand ne peuvent être, à proprement parler, exercés par la même caste. Les *Chettis* qui ne sont pas assez riches pour embrasser le commerce se font porteurs.

Les *Chettis* forment une des castes les plus nombreuses et les plus respectées du Coromandel. Ils occupent le premier rang dans la faction appelée la *Main gauche*, se prétendent issus des *Vaishyas*, la troisième des anciennes tribus, et portent en conséquence le cordon sacré; mais les Brahmanes leur en contestent le droit, et ne les regardent que comme des descendants des premières tribus *Shoûdras*. Cependant les *Chettis* persistent à disputer aux *Cômouttis* le titre de véritables représentans des *Vaishyas*. Ces derniers justifient leurs prétentions par une conduite conforme aux préceptes de la religion, et en particulier par une complète abstinence de tout ce qui a eu vie.

Cangasabady a le front marqué de poudre blanche, ce qui prouve qu'il est de la secte de *Shiva*. Ses oreilles portent de grands anneaux qui sont un ornement particulier à la caste des *Chettis*.

PL. 2. LIV.

CANGASABADY = CHETTI,

Fabricant de Toileries, agé de 42 ans.

NALLA SVAMI, CHRÉTIEN.

Nalla Svâmî, interprète, appartient à une des plus anciennes familles chrétiennes du Coromandel. Il a été élevé par les missionnaires de Pondichéry, et parle très facilement le français et l'anglais. Aujourd'hui il est employé par le gouvernement français en qualité d'interprète pour les langues européennes. Sa place est réservée de droit à son fils, qui en ce moment remplit les mêmes fonctions auprès du tribunal de police correctionnelle. Il porte un poignard, en récompense de ses longs services, et une canne à pomme d'or, comme chef de caste. Son costume est le même que celui des autres Hindous; mais son front n'est marqué d'aucun des signes qui distinguent les diverses sectes de l'Inde.

Nalla Svâmî, quoiqu'issu d'une des familles le plus anciennement converties du Coromandel, et ainsi exclus de la société des Hindous restés fidèles au brahmanisme, observe cependant encore quelques-unes des pratiques que cette religion leur impose. Il ne mange jamais de chair de bœuf; la violation de cet usage, sur lequel son changement de culte devrait le rendre peu scrupuleux, l'exposerait à être chassé de la caste dont il est le chef. Le principe brahmanique de la distinction des castes subsiste en effet au sein même des familles chrétiennes. Un *Shoûdra* ne consentirait jamais à reconnaître un Paria pour son égal; et le Paria de son côté sera rarement tenté de protester, au nom du christianisme, contre l'état d'abjection où le retient le mépris des castes supérieures. Les Hindous sont un des peuples les plus tolérants en matière de religion; mais, quelque culte qu'ils embrassent, il est rare qu'ils consentent à renoncer à ces anciennes institutions qu'un long respect a consacrées, parce qu'elles sont la base de la civilisation indienne. C'est pour avoir méconnu ce fait, que quelques congrégations chrétiennes ont si peu réussi à les convertir. Les missionnaires jésuites, qui avaient en général une idée très nette des difficultés qu'il leur fallait vaincre, crurent devoir transiger avec ce caractère des Hindous, si facile sur quelques points, mais en même temps si tenace sur d'autres. Ils leur cédèrent dans presque toutes les circonstances où le dogme n'était pas intéressé. Ce système, vivement attaqué par les missionnaires des autres ordres, augmenta dans le principe le nombre des conversions. Cependant ceux mêmes qui l'employaient n'eurent jamais assez bonne opinion de leur ouvrage pour donner aux Hindous de leur église d'autre nom que celui de demi-chrétiens.

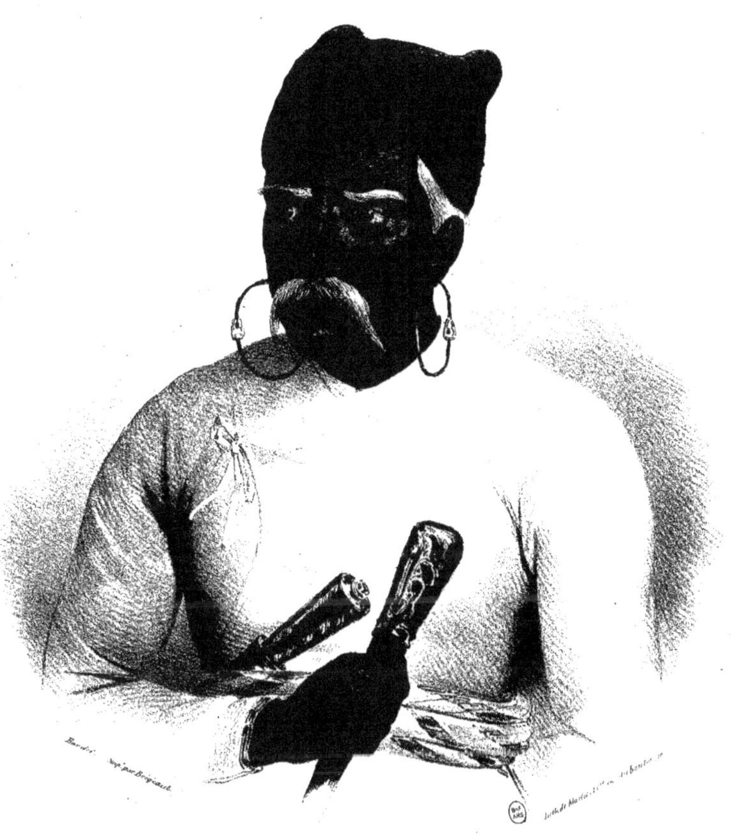

Nalla Svâmi.

Chrétien.

NAMBOUSY, PEON.

Nambousi, Peon, était un des anciens cipayes du célèbre Nabab d'Arcate, Mohammed Aly, mort en 1801, et dont les Anglais dépossédèrent le fils, Hussein Aly, au profit de son neveu qui leur céda la souveraineté du Carnate. Cet homme, remarquable par la beauté de ses traits, faisait partie du corps d'infanterie indigène à la solde du Nabab. Son uniforme est exactement semblable à celui que portaient les soldats de Tipou-Saheb. Il consiste en une courte redingotte de couleur violette, parsemée de losanges blancs ; elle couvre les cuisses et descend un peu au-dessus du genou. Une ceinture rouge lui serre la taille, et sa tête est couverte d'un large turban de la même couleur. Les buffeteries qui soutiennent son fusil sont noires ; et sur la première est fixée la plaque de métal qui distingue tous les *Peons*, et qui porte le chiffre de leur maître. Ses jambes sont totalement nues, son pied seul est garanti par des sandales légères.

L'emploi de *Peon*, sur lequel nous avons donné des détails dans une livraison précédente [1], est ordinairement confié à d'anciens cipayes que leur bonne conduite a fait remarquer de leurs chefs, ou que l'âge rend inhabiles au service militaire. Ce sont eux qui sont chargés de châtier les autres domestiques de la maison, d'accompagner leurs maîtres quand ils sortent, quelquefois même de les servir à table.

[1] Planche VI, VI Livraison.

PL. 2. 14e L. N.

Nambousi, Péon.

VIRAPATTIREN

SECTATEUR DE SHIVA.

Virapattiren, dont le nom est l'altération tamoule du sanscrit *Vírabhadra,* un des fils de *Shiva,* appartient à la secte qui adore spécialement ce dieu, la troisième, ou, suivant d'autres, la seconde personne de la trinité indienne. Elle se subdivise en plusieurs branches, dont une des principales est celle qui révère *Shiva* sous la forme du *Lingam* ou du phallus. Les membres de cette secte se font reconnaître par les caractères suivans : leurs vêtemens sont d'un jaune foncé; ils portent sur le front et sur d'autres parties du corps trois lignes horizontales tracées avec de la cendre de bois de sandal ou de bouse de vache, en mémoire des cendres, nommées *Vibhoûti*, dont se couvrit *Shiva* dans le cours de ses longues mortifications. Ils tiennent à la main un chapelet formé de grains appelés *Roudrâkchas,* ou yeux de *Roudra*, une des formes de *Shiva.* Enfin, et c'est là surtout ce qui les distingue, ils portent sans cesse un *Lingam* enfermé dans une petite boîte de métal suspendue à leur col.

Les sectateurs de *Shiva*, ainsi que les Brahmanes les plus rigides, évitent de donner la mort à aucun animal, et s'abstiennent soigneusement de manger rien de ce qui a eu vie, et de boire des liqueurs enivrantes; mais ils s'éloignent, en d'autres points, de l'observation des préceptes brahmaniques; ainsi, ils enterrent leurs morts; de plus, ils ne paraissent pas attacher une aussi grande importance que les autres sectes à la pureté extérieure; et l'abbé Dubois cite ce proverbe, qui a cours dans le sud de l'Inde : « Il n'y a pas de rivière pour un *linganiste.* » Suivant le même auteur, cette secte rejette également un point de croyance admis comme une des bases de la religion des Brahmanes : c'est la notion de la métempsycose.

Lith. de Motte et Cie. r. du Bouloi No. 19.

Virapattiren,

Sectateur de Siva.

BRAHMANE POUROHITA
PRÊCHANT.

Les *Pourohitas* sont les prêtres domestiques des Hindous. Ce sont eux qui choisissent le nom qu'on doit donner aux enfants nouveau-nés, qui président à la célébration des mariages et des funérailles. Tous les actes de la vie privée, que doit sanctifier la religion, sont réglés par eux. Ils sont chargés de consacrer les temples, et de purifier les maisons et les personnes qui ont été souillées. Ils connaissent seuls l'usage des *Mantras*, prières extraites des Védas, qui détruisent l'influence des astres nuisibles. Enfin le plus noble de leurs priviléges est celui de publier l'almanach indien, dont ils sont les seuls dépositaires.

Chaque matin ces Brahmanes se promènent dans les villages et s'arrêtent auprès des pagodes, pour prédire à la foule qui les écoute l'influence de l'astre qui doit présider à la journée. Ils mêlent presque toujours à leurs prédictions des histoires merveilleuses empruntées à la mythologie hindoue. Le peuple, qui aime à les entendre, se retire rarement sans leur laisser quelques marques de sa reconnaissance, soit un peu de riz, soit quelques pièces de monnaie appelées *Caches*. Tel est, avec le produit des grandes cérémonies auxquelles leur rang leur donne le droit d'assister, l'unique revenu de ces Brahmanes, dont l'influence est immense encore aujourd'hui. Leur vêtement est formé d'une étoffe d'un jaune foncé. Ils la teignent ainsi eux-mêmes en la trempant dans une décoction faite avec l'écorce filandreuse de la noix de coco. Ils fixent ensuite cette couleur avec du jus de citron. Quand elle vient à se passer, ils renouvellent l'opération que nous avons décrite. Ils portent presque toujours un éventail formé de la naissance d'une feuille de latanier plissée naturellement. Leur bonnet, fait de deux pièces d'étoffe de couleur différente, est considéré comme une marque distinctive de leur emploi.

La scène qui fait le sujet de la planche III se passe près de la grande rue de Vilnour à l'ouest de Pondichéry. Le Brahmane parle à une population hindoue de castes et de professions diverses. On remarque une grande variété dans la teinte de leur peau.

Pl. 3. Nº LIV.

Marlet. Lith. de Marlet & Cie, r. du Roulet Nº 19

BRAHMANE POUROHITA PRÊCHANT

BRAHMANES
FAISANT LEURS ABLUTIONS.

Les ablutions que les Brahmanes sont dans l'obligation de faire chaque matin, sont précédées d'une commémoration mentale de *Brahmâ, Vichnou, Ganesha* et des principaux objets de la croyance des Hindous. On nomme cet acte *Sankalpa.* Cette cérémonie, qui ouvre toutes les autres, a pour but de chasser les mauvais génies dont la présence pourrait détruire les heureux effets du sacrifice. Après cette préparation mentale, quelques instants avant le lever du soleil, le Brahmane se rend à la rivière ou à l'étang le plus proche, en se figurant qu'il fait ses ablutions dans le Gange, le premier des fleuves sacrés. Après s'être lavé, il se tourne vers le soleil; et prenant trois fois de l'eau dans sa main, il en fait une libation en l'honneur de cet astre. Il sort ensuite de l'eau, boit un peu de celle qu'il a puisée dans son vase de cuivre, s'enveloppe d'une toile pure, s'assied, le visage tourné vers l'orient, remplit d'eau le vase qu'il a apporté avec lui, se frotte le front avec des cendres de bois de sandal, ou de bouse de vache, et se suspend au cou une guirlande de fleurs ou un chapelet de *Roudrâkchas.* Se levant enfin et se plaçant en face du soleil, il lui adresse une fervente prière qu'il termine par un nombre plus ou moins considérable de tours qu'il fait sur lui-même.

La planche IV représente presque tous les actes de cette cérémonie importante. On voit à terre un pot et le vase de cuivre (*Chembou*) que les Brahmanes portent presque toujours avec eux; l'un contient la poudre de sandal, qui peut aussi se trouver dans le plat qui soutient le vase, l'autre sert à puiser l'eau nécessaire aux ablutions. Le Brahmane assis porte sur les bras et sur la poitrine le signe distinctif de la secte de *Vichnou*, formé de deux raies blanches, au milieu desquelles est tracée une troisième raie rouge. Le Brahmane qui est debout, est décoré du cordon brahmanique (*Oupavîta*), que les trois premières castes ont seules le droit de porter. A ses pieds sont les vases dont nous venons de parler, et de plus on voit un petit cône hérissé de pointes, fait de terre et destiné à représenter le dieu *Ganesha* dont nous donnerons plus bas la description. Ce dieu est invoqué dans presque toutes les cérémonies religieuses des Hindous. Le troisième Brahmane qui s'éloigne, emporte sous son bras les vêtements impurs qu'il vient de quitter. Son cou est orné d'une guirlande de fleurs.

Brahmanes
faisant leurs ablutions.

FEMMES BRAHMANES
PUISANT DE L'EAU.

La planche V représente une des occupations ordinaires des femmes brahmanes. Chaque matin elles vont chercher de l'eau à un puits réservé pour l'usage de leur caste, et ce devoir pénible n'a rien d'avilissant pour elles. Notre planche donne de plus une idée du costume des femmes hindoues à la côte de Coromandel. Leur vêtement se compose d'une seule pièce de toile de coton, ordinairement très-fine, ou d'une étoffe de soie de couleur, tissue pour cet usage. Cette étoffe longue de dix-huit à vingt coudées, et large de deux environ, est toujours ornée d'une bordure de couleur différente. Une de ses extrémités est roulée plusieurs fois autour de la ceinture, puis ramenée entre les jambes et attachée par devant; l'autre extrémité est laissée flottante, et rejetée avec grace sur l'épaule droite. Un petit corset, dont on croit l'usage emprunté aux musulmans, couvre le haut des bras et la partie supérieure de la gorge. Le reste du corps jusqu'à la ceinture est toujours nu. Leurs oreilles sont ornées de plusieurs anneaux d'or, qui souvent sont d'une grandeur considérable. Leurs cheveux, divisés sur le front, sont réunis par derrière et retenus par une large attache d'argent. Les femmes hindoues font un fréquent usage d'huile odoriférante pour en augmenter l'éclat, et les préserver des ardeurs du soleil brûlant auquel elles sont continuellement exposées. Elles portent au cou des chaînes d'or ou d'argent, ou des chapelets composés de gros grains de corail et d'autres matières plus ou moins précieuses. Mais un ornement qu'elles ne doivent jamais quitter est le *Tâli,* petit joyau d'or, d'une forme ovale, attaché par l'époux au cou de la jeune épouse pendant la cérémonie du mariage. La narine gauche et la cloison nasale reçoivent aussi des boucles de divers métaux. Enfin les jambes, qui restent toujours nues, sont surchargées de parures d'argent dont quelques-unes pèsent souvent jusqu'à deux livres. Les femmes représentées dans notre planche ont le front traversé d'une barre rouge horizontale ou perpendiculaire qui est considérée comme un ornement. Le puits auquel elles viennent chercher de l'eau, quoique sur un chemin, et près d'une maison indienne, est regardé comme sacré, et l'accès en est interdit à toute autre caste qu'à celle des Brahmanes. Les puits des autres Hindous, et notamment ceux des *Parias*, se reconnaissent aux immondices et aux tas d'os qu'on vient y déposer.

A. Geringer

Lith. de Marlet et Cie, r. du Boulot, N° 19.

Femmes Brahmanes
puisant de l'eau.

BRAHMANE MENDIANT.

La mendicité n'a rien d'humiliant pour les Brahmanes. Les lois les plus anciennes de l'Inde *(le Code de Manou)* la leur imposent même comme un devoir. En effet le Brahmane, que Dieu a créé le maître de tout ce que produit la terre, ne fait, en s'y livrant, que chercher à rentrer dans sa propriété. Ce sentiment ennoblit à ses yeux sa misérable condition; il donne à sa démarche et à ses instances une sorte de dignité; on dirait que le mendiant accomplit un devoir religieux, et il semble recevoir l'aumône comme d'autres la font.

Les Brahmanes mendiants s'arrêtent ordinairement à la porte des riches Hindous, qui leur donnent quelques mesures de riz ou un petit nombre de pièces de monnaie. Souvent ils entrent dans les maisons, mais se contentent de frapper dans leurs mains, sans prononcer une seule parole. Si le riz qu'on leur donne est cuit, ils le mangent immédiatement, et continuent de mendier jusqu'à ce que leur appétit soit satisfait [1].

Celui de la planche VI porte dans un coin de son vêtement ce qu'il a déjà recueilli. Il tient sous son bras une feuille de bananier qui doit lui servir d'assiette, et dans sa main une autre feuille pareille, roulée en forme de vase, et contenant aussi une partie des aumônes qu'on lui a données. Sa main gauche porte l'éventail de latanier, ornement des dévots Hindous. Un gros chapelet est placé sur sa tête, totalement rasée à l'exception du sommet, duquel pend une grosse tresse de cheveux.

La pagode du fond est consacrée à *Ganesha* ou *Poulear*, dont on reconnaît la statue. Plusieurs Hindous des deux sexes y font leurs dévotions.

[1] Sonnerat nous apprend que quelques-uns de ces mendiants sont appelés *Karapâtra* (celui qui se sert de sa main comme d'un vase), nom qu'ils doivent à l'usage où ils sont de recevoir et de manger le riz dans leurs mains.

Brahmane mendiant

MARIAGE D'UN BRAHMANE.

Cette planche représente la plus importante des nombreuses cérémonies qui ont lieu à la célébration des mariages de la caste brahmanique. Les futurs époux et les parents sont réunis sous un *Pandel* [1] qui a été précédemment purifié. On appelle ainsi un pavillon de verdure élevé avec beaucoup de pompe dans la cour ou devant la porte d'entrée de la maison, et soutenu ordinairement par douze piliers de bois. Le prêtre domestique, que l'on reconnaît à son bonnet semblable à celui du *Pourohita prêchant* que nous avons décrit plus haut, entoure d'herbe *Darbha* [2] le feu contenu dans un réchaud de terre neuf. L'herbe *Darbha* a toujours été considérée par les Hindous comme la substance la plus propre aux purifications. Le prêtre fait ensuite une offrande au feu *(Homa)*, c'est-à-dire qu'il jette dans le réchaud quelques grains de riz arrosés de beurre fondu, en prononçant les prières appelées *Mantras*. Auprès du *Pourohita*, est une pièce de soie dont on s'est servi pour dérober aux assistants la vue des époux pendant la cérémonie préparatoire de l'invocation des dieux.

Les époux, assis sur un riche tapis, le visage tourné vers l'orient, viennent de s'offrir mutuellement des feuilles de bétel; ils tiennent chacun leur main droite au-dessus du feu, témoin de leurs serments, tandis que des femmes mariées bénissent leur union, en répandant sur leur tête des grains de riz roulés dans du safran et du vermillon.

Au milieu du pavillon, est planté un bambou auquel sont attachées deux tiges de *Darbha* et de bétel. Un plus ou moins grand nombre de Brahmanes préside à cette cérémonie; on les reconnait au cordon qu'ils portent sur l'épaule gauche. Un d'eux tient dans sa main quelque chose qui paraît être du bétel, ou *la pierre de Sandal*, que l'on place auprès du feu, et autour de laquelle les époux doivent marcher, en songeant à la montagne du Nord, d'où les Brahmanes tirent leur origine. Entre le second et le troisième groupe d'assistants, sont placées diverses offrandes faites précédemment aux dieux domestiques, pour les convier à la cérémonie. Du riz est répandu dans un plat de métal; un petit vase contient du beurre clarifié destiné à l'assaisonnement du riz; un autre, un mélange de sucre, de miel et de lait, nommé quelquefois « l'excellente nourriture *(Param annam)*. Enfin plusieurs noix d'arec sont placées sur des feuilles de bétel, qui sont ensuite distribuées aux assistants.

(1) Ce mot, en Tamoul, signifie « treillage sous lequel on se met à l'ombre. »

(2) *Poa cynosuroides.*

Lith. de Motte et Cie, rue des Bouloi, N° 10

Mariage d'un Brahmane

BRAHMANE ASTRONOME

CALCULANT UNE ÉCLIPSE.

Les Hindous ont conservé jusqu'à ce jour quelques-uns des traités d'astronomie qui furent, disent-ils, révélés autrefois à leurs ancêtres. Plusieurs de ces ouvrages, rédigés en sanscrit, ont même été traduits dans les langues modernes de l'Inde, et une classe de Brahmanes très-respectée se consacre à les étudier. Ceux de la côte de Coromandel possèdent entre autres les fameuses tables de Tirvalor, rapportées en France par Le Gentil. Mais le système religieux des Hindous, qui leur ordonne de croire que l'ensemble des connaissances humaines est contenu dans leurs livres sacrés, leur refuse le droit (s'ils en avaient le désir) d'augmenter le nombre des observations, souvent profondes, qu'ils tiennent de leurs ancêtres. Aujourd'hui les plus habiles astronomes se contentent de chercher à comprendre les travaux de leurs devanciers, et bien peu s'élèvent au-delà du calcul des éclipses, calcul dont ils trouvent les éléments dans des tables astronomiques d'une grande célébrité. Le plus grand nombre s'applique exclusivement à l'étude de l'astrologie judiciaire qui, dans l'Inde moderne, encore ancienne sous tant de rapports, n'est pas toujours distincte de l'astronomie. L'une n'est à leurs yeux que l'application pratique de l'autre; et l'étude des lois qui président aux mouvements des corps célestes leur paraîtrait stérile et vide de sens, si l'homme ne devait pas y trouver la règle de ses actions et comme le plan de sa vie. Ce préjugé, qui s'évanouit au flambeau des sciences exactes, subsiste encore parmi les Hindous dans toute sa force, et c'est à lui que les brahmanes astrologues doivent leur immense influence.

L'astronome de la planche IV est occupé à calculer une éclipse. Sa main gauche tient des tablettes composées de feuilles de palmier encore vertes. Les trois lignes qu'il porte sur le front et la poitrine indiquent qu'il appartient à la secte de *Shiva*.

Sa femme, tenant un enfant à la mamelle, paraît attendre le résultat de ses calculs.

Brahmane astronome

calculant une éclipse.

BRAHMANE POUDJARI

OU PRÊTRE DESSERVANT.

Les Brahmanes, nommés *Poudjâris* [1], c'est-à-dire qui offrent le sacrifice, sont des prêtres attachés au service des Pagodes. Ils doivent faire deux fois par jour, soir et matin, le *Poûdjâ*, ou offrande à la divinité du temple qu'ils desservent. Cette cérémonie consiste à laver l'idole, à la parer, à tracer, sur son front et sur les parties visibles de son corps, les divers signes que portent les Hindous, et à lui offrir des fleurs, des fruits ou des lampes alimentées avec du beurre fondu. Le *Poudjâri*, qui seul a le droit de pénétrer dans le sanctuaire, accomplit ces devoirs loin de la vue du peuple, qui reste dans le temple. De temps en temps il agite une petite sonnette, sans doute pour avertir les fidèles de se livrer à de pieuses méditations. Lorsque la cérémonie est achevée, il sort du sanctuaire et distribue au peuple une partie des offrandes faites à l'idole.

Au-dessous des *Poudjâris*, qui ne sont pas très-considérés, sont les esclaves du dieu *(Devadâsi)*, courtisanes attachées au service du temple, ordinairement au nombre de huit ou dix. Leur emploi consiste à danser et à chanter deux fois par jour devant l'idole, et dans les grandes cérémonies religieuses. Aucune caste n'a le privilège exclusif de fournir aux temples des *Devadâsis*. Les familles même les plus respectées font souvent vœu de consacrer leurs filles à ces fonctions infâmes.

Le *Poudjâri* de la planche V tient de la main gauche la sonnette qu'il agite pendant la cérémonie de l'offrande; la droite soutient un vase contenant de la poudre de bois de sandal ou de bouze de vache brûlée, avec laquelle il a tracé sur son front, son col, ses bras et sa poitrine, trois lignes horizontales, marques des sectateurs de *Shiva*. Nous avons déjà vu le même signe au front de *Canabady Soupraya*, appartenant à une secte sivaïte. Nous ferons observer que le vêtement du *Poudjâri* ne diffère pas de celui des autres brahmanes; seulement l'étoffe en doit être nouvellement purifiée.

Un autre Hindou qui se dispose à entrer dans la Pagode, prend de la poudre dans le vase que lui présente le prêtre, tandis qu'une bayadère est occupée à balayer les marches du temple. L'image du bœuf *Nandi*, placée au-dessus de la porte d'entrée, indique que la Pagode est consacrée à *Shiva*.

[1] *Poudjâri* est un mot tamoul signifiant *petit sacrificateur;* il est dérivé du sanscrit.

Brahmane Poudjari
ou Prêtre desservant

BRAHMANE MAITRE D'ÉCOLE.

La méthode que suivent depuis des siècles les maîtres d'école Hindous est remarquable par sa ressemblance frappante avec celle de Lancastre. Le Brahmane, assis devant la porte de sa maison, trace sur le sable les lettres de l'alphabet, avec une baguette qui lui sert en même temps de férule; rangés en face de lui sur des nattes ou des peaux de daim, les élèves ont les yeux fixés sur le dessin du maître. Celui-ci prononce une lettre; l'enfant le plus rapproché de lui la répète, et après lui, chacun de ses camarades; on continue ainsi, jusqu'à ce que l'alphabet soit épuisé. Quand tous savent lire, le maître leur met entre les mains des livres composés de feuilles de palmier [1], longues, étroites, ordinairement sèches, et réunies par une corde qui les traverse toutes au milieu ou à une de leurs extrémités. On écrit sur ces feuilles avec un poinçon; puis, pour rendre les traits plus visibles, on passe sur la partie écrite une substance noire quelconque, dont de petites parcelles restent dans les creux faits par le poinçon.

Entre le Brahmane et ses élèves, est un livre du genre de ceux que nous venons de décrire. Les feuilles en sont serrées entre deux planchettes maintenues par une corde. On remarque sur le sable la trace de quelques caractères qui appartiennent à l'alphabet Tamoul. A la gauche du maître est le vase appelé *Chembou* [2], contenant de l'eau pour son usage, et l'instrument dont il se sert pour fumer, en Tamoul, *Chounkân.* Il se compose d'une noix de coco, dans laquelle plonge un long tuyau, évasé à son extrémité supérieure, de manière à pouvoir contenir le tabac. Pour se servir du *Chounkân*, on met dans le coco une feuille de bétel, roulée à l'extrémité inférieure du grand tuyau, afin de rafraîchir la fumée; puis on approche la noix de coco de la bouche, en la saisissant par un tube très court, qui y est adapté latéralement.

M. Géringer a été témoin oculaire de la scène représentée dans cette planche.

(1) *Borassus flabelliformis.*

(2) *Chembou*, en Tamoul, signifie proprement *cuivre rouge*, puis, par extension, le vase fait de ce métal dont se servent aujourd'hui les Brahmanes, et qui remplace le vase de terre ou de bois nommé dans les textes sanscrits *Kamandalou.*

Lith. de Marlet et Cie, rue du Bouloi, N° 19

Brahmane Maître d'Ecole.

RADJA, OU PRINCE HINDOU.

Les *Râdjas* ou rois occupent le second rang dans la hiérarchie sociale des Hindous. Ils se disent issus des *kchatriyas*, nom qui désigne la caste militaire dans l'histoire ancienne de l'Inde. Mais les Brahmanes prétendent que les *kchatriyas* ont été jadis entièrement détruits par le fils du saint *Djamadagni, Parashourâma*, sixième incarnation du dieu *Vichnou*. Selon eux, les *Râdjas* actuels descendent tous ou des *Shoûdras* ou de castes mêlées.

Le *Râdja* de la planche III appartient à la famille des petits princes du Travancore. Il est d'un embonpoint excessif; c'est aux yeux des Hindous une marque de richesse et de puissance. Les bandes longitudinales tracées sur son front indiquent qu'il s'est voué au culte de *Shiva*. Sa tête, couverte d'un riche turban, est surmontée de l'aigrette que les rois seuls ont le droit de porter. Sa main gauche soutient le tuyau du *Houka* (1). Cette espèce de pipe, dont les Hindous paraissent avoir emprunté l'usage aux Musulmans, a quelque analogie avec le *Chounkân* dont le peuple fait usage. Un vase à moitié rempli d'eau reçoit l'extrémité inférieure d'un tube qui y plonge perpendiculairement, et dont le sommet est élargi de manière à pouvoir contenir le tabac et le feu. Un autre tube, plus long et plus flexible que le premier, pénètre latéralement dans le vase, mais sans toucher à l'eau. On s'en sert pour faire le vide dans la partie supérieure de l'appareil, et aspirer la fumée qui dépose dans l'eau toute son âcreté. On voit à terre une corbeille pleine de feuilles de bétel et de noix d'arec, mélange dont les Hindous de toute caste mâchent sans cesse; près de la corbeille est un petit vase contenant de l'essence de rose; les *Râdjas*, lorsqu'ils se laissent voir à leurs sujets, ont coutume d'en jeter quelques gouttes sur ceux qui les approchent.

Un des Hindous placés derrière le prince porte un *Chembou* ou vase de cuivre qui sert de crachoir au *Râdja*. L'autre tient un éventail en plumes de paon appelé *Pankhâ* (2). L'éventail est, avec l'aigrette et le parasol, dont notre planche n'a pu offrir la représentation, un des insignes de la puissance royale.

(1) *Houka* est un mot arabe qui est passé dans l'Hindoustani, et dont l'usage est ainsi devenu général dans toute l'Inde.

(2) *Pankhâ* signifiant en hindoustani *éventail*, dérive du sanscrit *pakcha*, aile, plume.

Marlet. Lith. de Marlet et Cie rue du Bouloi, N° 19

Radja ou prince Hindou.

S. राजा T. ராஜா

BRAHMANES INTERPRÈTES.

Les Brahmanes, à quelque secte religieuse qu'ils appartiennent, n'ont d'autre occupation que d'étudier les Védas, et d'autre moyen d'existence que de mendier. Quand les aumônes ne sont point assez abondantes, ils peuvent embrasser quelques unes des professions de la vie active, excepté celle de laboureur. On les nomme alors, dans le sud de l'Inde, *Laokika* (mondains), pour les distinguer des Brahmanes *Vaidika,* qui se livrent exclusivement à la lecture des Védas. Parmi les *Laokika* sont les interprètes et écrivains au service des divers pouvoirs qui gouvernent l'Inde. Avant l'invasion des Musulmans, les Brahmanes étaient employés à la cour des rois Hindous comme ministres et conseillers. Aujourd'hui ils remplissent, sous le gouvernement des Européens et des Mahométans, les fonctions de collecteurs d'impôts, d'interprètes, d'écrivains et de secrétaires. On les distingue en deux classes, suivant le plus ou moins de rapports qu'ils ont avec les étrangers. Les uns, chargés du recouvrement des impôts, sont en outre investis d'un pouvoir judiciaire assez étendu. Ils exercent leurs fonctions dans les *Tchaudries*, édifices publics placés sur les routes, et où les voyageurs reçoivent l'hospitalité. Les autres sont secrétaires et commis au service des Européens et des Musulmans. La facilité avec laquelle ils parlent les langues, et leur aptitude singulière pour l'arithmétique, les font rechercher des négociants étrangers établis dans l'Inde. Mais les devoirs que leur impose leur place mettent souvent leur conscience à de rudes épreuves. Une des plus cruelles est la nécessité où ils sont d'écrire avec des plumes, à la manière des Européens. Le contact de cet objet, impur comme tout ce qui a eu vie, les retient dans un état continuel de souillure, qui les oblige à de fréquentes ablutions.

Les commis au service des étrangers se distinguent des autres Brahmanes par leur vêtement, qui se compose d'une courte chemise de couleur, et d'une espèce de redingote serrée à la taille par une ceinture faisant plusieurs fois le tour du corps. Leur turban est aussi arrangé d'une manière un peu différente de celui des autres Hindous. Le bas des jambes reste ordinairement nu; et, quand ils se rendent à leurs travaux, ils ont coutume de laisser leurs sandales à la porte en signe de respect; mais ils conservent toujours sur le front le signe du *Pottou.*

P. Fauchée Lith. de Marlet & Cie, rue du Bouloi, N° 19

Brahmanes, Ecrivain & Interprête.

T. அக்ஷுரண துவிபாஷி

BRAHMANE MÉDECIN.

La médecine, comme toutes les autres sciences, passe dans l'Inde pour avoir été révélée par *Brahmâ;* et l'ouvrage le plus ancien qui en enseigne les préceptes, l'*Ayourveda,* fait partie du quatrième livre sacré. Cet art, dont la croyance des Hindous place l'origine dans les cieux, y est, disent-ils, exercé par les deux fils jumeaux du Soleil, qui occupent le même rang dans le Panthéon indien que Castor et Pollux dans celui des Grecs.

Mais l'estime dont on les environne ne peut être, pour nous, la mesure de leur mérite réel. La loi religieuse qui déclare impur tout homme qui touche à un cadavre, a, jusqu'à ce jour, arrêté les progrès de la médecine dans l'Inde. Elle est si sévère, que le Râdja actuel du Tandjor, un des princes les plus éclairés de l'Hindostan, pour concilier les scrupules de sa conscience avec le désir de connaître la structure du corps humain, n'a pu trouver d'autre moyen que de faire venir d'Angleterre un squelette en ivoire. Condamnés à une ignorance presque complète sur les causes d'un grand nombre de maladies, les Hindous les attribuent aux influences malignes des démons. L'*Ayourveda,* qui admet l'existence des possessions et des maléfices, enseigne en même temps les moyens magiques de réparer les désordres qu'ils ont produits. A ces procédés merveilleux ils joignent l'usage des médicaments extraits des plantes variées que produit le sol fertile de l'Inde; et l'on doit sans doute reconnaître que leur attention, dès long-temps dirigée vers l'étude des végétaux et de leurs propriétés, a pu les mettre à même de recueillir sur cet objet quelques observations précieuses.

Les médecins, quoique comptés au nombre des Brahmanes, n'appartiennent pas originairement à la première caste. Le code de Manou, qui les dit fils d'un Brahmane et d'une femme *Vaishya* (troisième caste), les déclare *Shoûdras* (quatrième caste). Comme la bassesse de leur naissance leur interdit la lecture des livres sacrés, de saints personnages (dont le plus célèbre à la côte de Coromandel se nomme *Agastiyer*) ont composé pour eux des traités qui ne sont ordinairement que des commentaires de l'*Ayourveda.*

PL. 5. 3. LIV.

Feuchère Lith. de Marlet & Cie Rue du Bouloi, N° 19.

Brahmane Médecin.

S. वैद्यः T. வயித்தியன

BRAHMANE VACHTOUMAS

OU COURTISAN.

Les *Vachtoumas,* dont quelques uns sont Brahmanes, forment une des principales subdivisions de la secte, si nombreuse dans le Sud de l'Inde, des *Shrî Vaichnaver* ou adorateurs de *Vichnou.* Plusieurs n'ont point d'autre profession que celle de courtisans et de parasites. Leurs fonctions consistent à célébrer les vertus des pieux Brahmanes et des riches personnages auxquels ils se sont attachés. Lorsqu'un *Mahâ gourou,* ou chef du sacerdoce indien, visite en grande pompe les districts soumis à sa jurisdiction, ils se rassemblent et se joignent au cortége, en chantant les louanges de leur patron, et en criant aux hommes de caste impure de s'éloigner de sa présence. Si des *Vachtoumas,* au service de maîtres différens, viennent à se rencontrer, une lutte s'engage entre eux, et chacun exalte à l'envi les innombrables qualités de celui à la gloire duquel il a voué son éloquence. Tous se plaisent à louer la générosité, vertu dont les Brahmanes ne se lassent jamais de recommander la pratique. La mythologie et l'histoire héroïque de l'Inde leur fournissent des exemples éclatants des hautes récompenses que les dieux ne manquent pas d'accorder aux hommes généreux. Quand les *Vachtoumas* exercent leurs fonctions, ils s'enveloppent la tête d'une pièce d'étoffe, comme on peut le voir dans la planche VI.

Avant l'invasion mahométane, il existait à la cour des princes de l'Inde une classe de Bardes, chargés de chanter en présence des Râdjas leurs exploits et la gloire de leurs aïeux. C'étaient, suivant le Code de *Manou,* les fils de *Vaishyas* et de femmes de la caste guerrière. On les appelait *Mâgadhas,* nom que portaient aussi les habitans du Bihar méridional. De nos jours, ceux des Hindous qui, à la côte de Coromandel, jouent à peu près le même rôle que les anciens *Mâgadhas,* doivent leur nom à leur occupation habituelle. *Vachtoumas* paraît en effet dériver du mot tamoul *Vâchtoû* ou *Vâjtoû,* louange.

Brahmane Vachtoumas

ou Courtisan.

([illegible] louangi)

VUE DE LA PAGODE DE VILNOUR.

Les temples hindous, appelés par les Européens *Pagodes* [1] et par les Tamouls *Kovil* [2], sont presque tous élevés au centre d'une quadruple enceinte de murailles avec quatre portes, dont chacune est tournée vers un des quatre points cardinaux, et flanquée d'une tour pyramidale appelée *Gobouram.* Ces tours sont moins hautes que celle qui surmonte le temple même; mais elles ont généralement la même forme, et sont, comme elle, couvertes de scènes et d'emblèmes mythologiques, représentant l'histoire du dieu auquel la Pagode est consacrée. Dans l'espace compris entre les enceintes et le temple, se trouvent les statues des divinités qui se rattachent à celle dont l'image est dans le sanctuaire. Ces édifices, auxquels les Hindous attribuent une grande antiquité, mais dont ils ignorent la date, sont construits avec d'immenses blocs de pierre superposés les uns aux autres, et réunis quelquefois sans le secours du ciment. Lorsque les fondements sont sortis du sol, on environne les murs de monceaux de terre, qui, s'élevant en plan incliné en même temps que l'édifice, donnent le moyen de faire arriver les plus lourdes masses aux étages supérieurs. Quand le temple est achevé, on le découvre en enlevant la terre, et on rétablit le sol de niveau.

La première cérémonie qui soit célébrée dans un temple est celle de l'inauguration; elle dure quarante jours, et ne peut être accomplie qu'au moment de la conjonction de certaines planètes favorables, circonstance qui ne se présente que très rarement. On choisit ensuite un *Mahâgourou*, à la garde duquel est confiée la Pagode, qu'il lui est défendu de jamais quitter. C'est le chef des Brahmanes *Poûdjâris* ou desservants qui vivent du revenu des terres appartenant au temple. La fondation d'un édifice religieux est en effet nécessairement accompagnée d'une donation de terres faite par le Râdja au grand-prêtre; ces terres sont exemptes de toute espèce d'impôt.

La Pagode représentée dans la planche III est celle de Vilnour, à huit lieues à l'ouest de Pondichéry.

(1) *Pagode* vient du persan *Bout-kada*, la maison de l'idole.

(2) *Kovil* ou *Koyil*, signifiant temple et palais, se retrouve dans un grand nombre de dénominations géographiques du sud de l'Inde, comme *Coïlpetta*, la ville du temple; *Inacoil*, le petit temple; *Permacoil* pour *Peroumân covil*, le temple du Seigneur (*Vichnou*).

Géringer. Lith. de Marlet & Cie

Vue de la Pagode de Vilnour.

FEMME DE RADJA.

La planche IV représente une des princesses, ou, comme on les appelle au Malabar, une des *Rânî* de la famille royale du Travancore [1]. Ce mot, altération du sanscrit *Râdjnî,* ne signifie pas exactement *reine :* les Râdjas de ce pays n'ont que des concubines et point d'épouses. La mère et les sœurs du prince régnant ont seules droit au titre de *Rânî.*

Plusieurs siècles avant l'ère chrétienne, le Malabar était gouverné par un conseil composé de quatre *Nambouri,* nom que porte dans cette contrée la caste sacerdotale. Mais, incapables de faire exécuter les lois, parce qu'un brahmane ne peut prononcer une sentence de mort, ils demandèrent au roi du Maduré un chef de la tribu des guerriers. Ce prince, qui possédait l'ancienne province de *Chera* (Coimbetore) et celle de *Pândi* (Maduré), leur envoya un des Râdjas de sa famille, que les Brahmanes malabares appelèrent *Cheramân Paroumâl* [2]. *Cheramân* fit venir toutes ses femmes du Maduré, et il fut stipulé que les *Nambouri* pourraient avoir commerce avec elles; mais le Roi n'eut pas le même droit sur les femmes de la caste sacerdotale. Sept princes du nom de *Paroumâl* gouvernèrent le Malabar. Le dernier, qui, selon les uns, se fit mahométan et mourut à la Mecque, selon les autres quitta le trône pour se livrer à la vie contemplative, partagea son royaume entre trente-quatre chefs, les uns de la seconde, les autres de la quatrième caste, parmi lesquels quatre furent nommés Râdjas suprêmes. L'un d'eux, *Shoûdra* d'origine, eut en partage le royaume de *Kourou,* qui s'étendait depuis Alappe jusqu'au cap Comorin : c'est de sa sœur qu'est issue la famille royale du Travancore, à laquelle appartient la *Rânî* de notre planche. Là, comme dans les autres principautés du Malabar, les sœurs du prince vivent dans le palais sans jamais se marier; mais elles appartiennent de droit aux Brahmanes, et les fils auxquels elles donnent le jour succèdent au trône par ordre de primogéniture, et à l'exclusion des enfants du Roi.

(1) Le nom tamoul du Travancore est *Tirou-vajan-codou*, c'est-à-dire le lieu où habite la Prospérité (ou la déesse *Lakchmî*).

(2) *Cheramân Paroumâl* en malabar, et en tamoul *Chéran Peroumân*, signifie le roi de *Chera. Peroumân*, roi, dérive ou de *Peroumai*, grandeur physique et morale, ou de *Paroumen*, corpulent.

PL. 4. 4e LIV.

Femme de Râdja.

S. राज्ञी *T.* ராக்ஞி

VAISHYA CULTIVATEUR.

Les *Vaishyas,* qui forment la troisième des anciennes castes de l'Inde, se divisent en cultivateurs et en marchands. Les premiers sont propriétaires ou fermiers, mais jamais ils ne labourent la terre de leurs propres mains. Ils ont un esclave à gages, ordinairement *Shoûdra*, chargé de surveiller les ouvriers, qui appartiennent presque toujours aux plus basses castes, entre autres à celle des Parias. Un riche *Vaishya*, après avoir fait le matin ses ablutions et ses prières, se contente de parcourir une fois le jour ses domaines, pour donner des ordres à l'esclave qui l'accompagne.

La culture que les Indiens ont le plus perfectionnée est celle du riz, plante qui forme la base de leur nourriture. Mais comme, à la côte de Coromandel surtout, le sol est très aride, et que le riz ne peut croître que dans l'eau, toute leur attention s'est dirigée vers la recherche du meilleur système d'irrigation. Chaque village possède au moins un étang, nommé en tamoul *Koulam* [1] s'il est creusé de main d'homme, et *Eri* lorsqu'il est formé par une vallée ou un bas-fond dans lequel on retient les eaux au moyen d'une digue. De là elles sont distribuées dans les plaines, divisées en carrés de cinquante à soixante toises, séparés les uns des autres par une chaussée en terre battue. Une rigole est pratiquée dans la chaussée pour que l'eau puisse se répandre d'un carré dans l'autre. Lorsque les réservoirs sont au-dessous du niveau des plaines, on se sert pour arroser d'une bascule appelée par les Européens *Picote*, et par les Tamouls *Ettam*, formée d'une longue perche qui est soutenue entre deux poteaux solides, et dont une des extrémités est garnie d'échelons; à l'autre bout est adaptée verticalement une seconde perche qui porte un seau. Pour mettre cette machine en mouvement, un homme monte sur la première perche au moyen des échelons; il s'avance vers le bout auquel est attachée celle qui soutient le seau ou panier goudronné destiné à puiser l'eau. Quand le panier s'est rempli dans l'étang, l'homme se retire vers l'autre extrémité de la perche: le seau remonte et est saisi par un autre ouvrier, qui le verse dans le champ le plus voisin.

[1] Dérivé du sanscrit *Koûla*, étang.

Vaishya, Propriétaire cultivateur.

S. वैश्यः T. வைசியன

VAISHYA MARCHAND.

Après l'agriculture, la seule profession à laquelle puissent se livrer les *Vaishyas*, est le commerce. Ils sont marchands de grains, d'huile, de toiles et de perles; mais il leur est interdit de vendre aucune liqueur forte, entr'autres le *Callou*, que l'on fait avec le jus du palmier. Les négociants *Vaishyas* ont en général une activité qui contraste fortement avec l'apathie des autres castes; et même, la rapidité avec laquelle ils peuvent calculer de mémoire les sommes les plus élevées leur donne quelquefois, dans les transactions commerciales, l'avantage sur les Européens.

La caste des *Vaishyas* est la dernière à laquelle il soit permis de porter le triple cordon qui distingue les Brahmanes et les *Kchatriyas*, et que l'on appelle en sanscrit *Oupavîta*, et en tamoul *Pounnâl*. Mais, dans le sud de l'Inde, il est peu de familles qui aient droit à cet honneur. Les *Vaishyas*, comme les *Kchatriyas*, y sont en petit nombre; et ceux qui s'en prétendent issus peuvent rarement donner la preuve de leur origine; preuve qu'un Indien de bonne caste est toujours prêt à produire, et qui consiste à répéter de suite la liste complète de ses aïeux. Cependant on conteste rarement leur titre à ceux qui appuient leurs prétentions par une vie régulière, la pratique des devoirs religieux, et surtout l'abstinence complète de toute nourriture animale et des boissons enivrantes.

La caste qui, suivant les Brahmanes, a remplacé presque partout les *Kchatriyas* anéantis, celle des *Shoûdras*, s'est également emparée de quelques unes des professions jadis exclusivement réservées aux *Vaishyas*. Beaucoup de *Shoûdras* sont propriétaires et fermiers, un plus grand nombre se livre au commerce, ainsi que nous le verrons dans la suite de cet ouvrage. Les marchands de cette caste s'appellent *Chetti*, nom sous lequel ils sont généralement connus à la côte de Coromandel et au Malabar. Nous avons inscrit ce mot sur notre planche VI, quoiqu'elle soit consacrée à un *Vaishya*, parce qu'en tamoul *Chetti*, avant de signifier un négociant *Shoûdra*, désigne en général un marchand, quel qu'il soit.

Lith. de Motte & Cie r. des Moulins N° 19.   Géringer

Vaishya, Marchand

S. वैश्यः T. வைசிய

BAYADÈRES DANSANT.

Les Bayadères, ainsi nommées du mot portugais *Balladeras,* danseuses, sont appelées en sanscrit *Devadâsí,* esclaves des dieux, en tamoul *Tevadiâl.* Les Hindous, à quelque caste qu'ils appartiennent, peuvent, comme on l'a déja vu, consacrer une de leurs filles au service d'une pagode. Il n'y a qu'une seule caste, celle des *Kaikkolen,* ou tisserands, à laquelle la loi en fasse un devoir. Les filles sont dès l'âge le plus tendre offertes au Dieu, après des cérémonies particulières, symboles de l'union qu'elles contractent avec lui. Elles sont ensuite élevées dans des édifices appartenant au temple, sous les yeux d'une Bayadère âgée, qui leur fait apprendre à lire, à danser et à chanter. Leurs fonctions consistent à balayer la pagode, à danser devant l'idole aux heures du *Poûdjâ* ou sacrifice, dans les processions et dans les grandes cérémonies religieuses et civiles. Les Râdjas hindous et les Nababs mahométans en entretiennent même de nombreuses troupes. Les vêtements et les bijoux dont elles sont parées appartiennent au temple qu'elles desservent. Le mariage leur est interdit, et les Brahmanes, qui représentent leurs divins époux, punissent sévèrement les infidélités dont elles se rendent quelquefois coupables. Les enfants mâles auxquels elles donnent le jour deviennent musiciens de la pagode; les filles font le métier de leur mère.

Les Hindous donnent aux *Devadâsí* une origine fabuleuse. Lorsque les dieux et les mauvais génies se réunirent pour agiter l'Océan, afin d'en extraire l'ambroisie *(Amrita),* des nymphes célestes naquirent de ses eaux avec *Lakchmî,* épouse de Vichnou. Depuis ce temps elles habitent, sous des noms divers, les demeures de *Shiva,* de *Vichnou* et d'*Indra.* Elles forment la cour de ces dieux, qui les envoient sur la terre pour troubler dans leurs pieuses méditations les saints anachorètes, dont les pénitences font trembler sur leur trône les *Devas* et *Indra,* leur chef.

Pl. 3. 5e LIV.

Lith. de Merlet et Cie rue du Bouloi, n° 19.

Bayadères dansant.

SHOUDRA OU SERVITEUR.

Les *Shoûdras* forment la quatrième des anciennes castes de l'Inde, qui comprend les serviteurs et les artisans. Suivant la mythologie des Hindous, ils sont nés, ainsi que les Brahmanes, les guerriers et les agriculteurs, du corps même de *Brahmâ*, la première personne de la Trinité. Les Brahmanes, dit-on, sortirent de sa tête, les guerriers de ses bras, les *Vaishyas* de ses cuisses, les *Shoûdras* de ses pieds. Ainsi les *Shoûdras* ont été créés pour servir les castes supérieures, et surtout les Brahmanes; c'est là leur premier devoir. Mais les lois les plus anciennes de l'Inde leur ont en outre permis la pratique des arts mécaniques. Toutes les professions qui exigent le travail des mains, leur sont abandonnées; et comme les usages s'opposent à ce qu'un Hindou exerce deux états à la fois, la caste des *Shoûdras* se trouve subdivisée en autant de tribus qu'il y a d'arts et de métiers. Elle est la plus nombreuse de toutes, et, réunie aux Parias, elle forme, suivant les meilleures autorités, les neuf dixièmes de la population dans l'Inde méridionale. Plusieurs tribus, *Shoûdras* d'origine, ou qui se prétendent telles, se livrent même à l'agriculture; elles se composent de cultivateurs et de domestiques de fermiers. Avant la conquête musulmane, les *Shoûdras*, qui s'étaient ainsi élevés à la condition de *Vaishyas*, faisaient partie de la milice Hindoue, dans laquelle étaient admis les laboureurs, et qui jouait un rôle important dans les armées des Râdjas nationaux.

Les *Shoûdras*, comme les castes supérieures, appartiennent à l'une ou l'autre des nombreuses sectes qui se partagent la population Hindoue. Ils en portent les marques distinctives. Mais ils ne peuvent se parer du cordon sacré, qui est exclusivement réservé aux trois premières castes. On leur refuse aussi le noble titre de *Dwidja* ou né deux fois, titre que les Brahmanes, les *Kchatriyas* et les *Vaishyas* doivent à l'investiture du cordon brahmanique, emblème d'une seconde naissance. Jadis même, leurs noms devaient être composés de deux mots dont l'un exprimait le mépris, et l'autre l'extrême servilité. Cependant, quoique bien inférieurs aux autres castes, ils ont encore une place honorable dans la hiérarchie sociale des Hindous, et sont bien au-dessus des classes viles, comme celle des Parias, que les Brahmanes appellent les derniers des hommes.

p. feuchère del.

Shoûdra ou Serviteur

S. शूद्रः T. சூத்திரன

RADJPOUTES.

Les Radjpoutes, du sanscrit *Râdjapoutra,* fils de rois, se prétendent, comme l'indique leur nom, issus de la caste des *Kchatriyas;* mais les Brahmanes, qui contestent cet honneur, même aux rois, ne leur donnent que des *Shoûdras* pour ancêtres. Suivant quelques traités relatifs au classement des castes, les Radjpoutes descendent d'un *Vaishya,* et d'une *Vaidyâ,* femme de médecin.

Ils forment la grande tribu guerrière établie dans la province appelée de leur nom *Râdjasthâna* ou *Râdjpoûtana,* et particulièrement dans les principautés d'Oudeypour, Youdpour et Amber. Ce pays est divisé entre plusieurs petits chefs qui reconnaissent, au moins de nom, l'autorité d'un roi supérieur, à la voix duquel ils doivent se présenter avec leurs cavaliers armés. Ces hommes, remarquables par leur courage, opposèrent à l'invasion mahométane une résistance opiniâtre; mais vaincus plutôt que soumis, en 1193, ils furent forcés de payer tribut aux empereurs de Delhi, et de leur fournir un corps de cette cavalerie célèbre dans toute l'Inde par sa bravoure et sa fidélité. Après la dissolution de l'Empire Mogol, ils se déclarèrent indépendants; mais bientôt, envahi par les Mahrattes, le *Râdjasthâna* fit partie du vaste empire qu'ils créèrent et perdirent si rapidement. Vers la fin du dernier siècle, l'infanterie mahratte, disciplinée par le général Deboigne, avait presque complètement soumis les derniers chefs des Radjpoutes, quand les victoires des Anglais vinrent renverser la puissance de Daulet Rao Sindia. Rendus pour un instant à l'indépendance, les Radjpoutes ne surent pas s'unir pour être capables de résister au nouvel ennemi qui, plus tard, pouvait les menacer. Leurs dissensions, favorisées par les habitudes belliqueuses qu'un long état de guerre a entretenues parmi eux, les forcèrent de recourir au patronage du gouvernement britannique, qui, en respectant leur indépendance nominale, s'est réservé le droit d'intervenir dans leurs querelles pour les pacifier.

Les Radjpoutes sont braves, mais indolents; l'usage immodéré de l'opium les retient dans un assoupissement presque continuel. Ils sont robustes, de haute taille, et ont les traits plus beaux et le teint moins foncé que les Hindous des basses castes qui habitent les plaines du *Râdjasthâna.*

Radjpouts.

S. राजपुत्रा: *T.* ராசபுத்திரா

MAHRATTES.

Les Mahrattes sont originaires d'un petit district montagneux qui s'étend parallèlement au bord de la mer, depuis Surate jusqu'au Canara. Ils ne commencèrent à être connus qu'au temps d'Aurengzeb. Le premier de leurs chefs, Sevadjî, né en 1628, descendait des Radjpoutes, rois d'Oudeypour. Sambadjî, son fils, qui lui succéda en 1680, soumit presque tout l'Hindoustan; mais il fut mis à mort par Aurengzeb en 1689. Il fut remplacé par Sahou Râdja, qui abandonna son autorité à Baladjî Bichnâth, Brahmane qui avait commandé cinq cents chevaux sous Sevadjî. Bichnâth acquit une telle influence, que Sahou le nomma premier ministre, sous le titre de *Pechvâ*. C'est de cette époque que date l'établissement de cette dignité, qui a duré autant que l'empire mahratte. Les premiers qui en furent revêtus surent se rendre si nécessaires aux Râdjas, que ceux-ci ne manquèrent pas de leur donner des successeurs, pris, comme Bichnâth, parmi les Brahmanes. En 1740, l'empire mahratte avait acquis son plus haut point de puissance. Râm Râdja succéda à Sahou, mais sa faiblesse encouragea l'usurpation du *Pechvâ* Badjerao, qui fixa sa cour à Pounah, tandis que Ragodjî occupait la partie orientale des possessions mahrattes. Ce partage violent prépara la ruine d'un empire, auquel l'invasion des Afghans vint encore porter un coup funeste. En 1761, les Mahrattes éprouvèrent dans les plaines de Panniput une des plus sanglantes défaites dont l'histoire ait gardé le souvenir. Le *Pechvâ* qui succéda à Badjerao fut Madhourao, mort en 1772, puis son fils Narain, tué en 1773 par son oncle Ragonâthrao, auquel le fils posthume de Narain, Sevadji Madhourao, disputa le titre de *Pechvâ*. Les Anglais soutinrent Ragonâth, et c'est de cette époque que date leur intervention dans les affaires des Mahrattes. Sevadjî, cependant, parvint à se maintenir; mais à sa mort, en 1795, l'empire mahratte fut déchiré par de nouvelles dissensions. L'anarchie était à son comble, quand, en 1802, Holcar, un des plus puissants chefs, vainquit l'armée combinée du *Pechvâ* et de Daulet Rao Sindia. Trop faible pour se soutenir seul, le *Pechvâ* fit un traité d'alliance avec l'Angleterre, qui reconnaissait l'indépendance réciproque d'Holcar, de Sindia et du *Pechvâ*. Bientôt une rupture éclata entre les Anglais et le chef mahratte; Pounah, sa capitale, fut prise en 1817, et lui-même forcé de résigner entre leurs mains un titre que leur politique n'a pas eu intérêt de rétablir.

A. Géringer. Lith. de Martens & Cie, r. du Boulo; N.o 19.

Mahrattes.

S. मह्राराष्ट्राः

VUE DU FORT DE VELLOUR.

Vellour, une des principales villes du Carnatic, est située à l'est d'Arcate, près du Paler (en tamoul *Pâlârrou, la rivière de lait*), qui se jette dans la mer à Sadras. Grâce à sa forteresse, que les Hindous regardaient comme imprenable, elle a jadis joué un rôle brillant dans l'histoire de l'Inde méridionale. Quand, au commencement du seizième siècle, le puissant royaume de Bisnagar (*Vidjayanagara*) fut conquis par les Mahométans, Vellour servit d'asile aux derniers chefs de la dynastie hindoue, qui s'y maintinrent indépendants jusqu'en 1686, époque où elle fut prise par les Musulmans de Golconde. Au temps de la dissolution de l'Empire Mogol, elle fut occupée par le Nabab du Carnatic, et depuis par les troupes de la compagnie anglaise des Indes orientales. Frappés de l'importance d'une position qui commande la principale route du Maïssour et du plateau central de l'Inde au sud du Krichna, les Anglais, pendant leur guerre avec Tipou, fortifièrent Vellour et y mirent garnison. C'est dans cette forteresse que furent détenus les nombreux enfants du sultan de Maïssour.

La citadelle de Vellour offre un exemple curieux de la réunion des systèmes de défense employés par les trois grandes puissances auxquelles elle a successivement appartenu. L'enceinte extérieure consiste en un mur formé d'un mélange de terre et de pierres, suivant l'ancienne méthode des Hindous, et flanqué de petites tourelles placées aux angles saillants. Un fossé creusé presque partout dans le roc vif, et dont les eaux sont peuplées d'énormes crocodiles, en défend l'approche. Ces murs suffisaient pour mettre les assiégés à l'abri des flèches de l'ennemi, et une forteresse ainsi construite passait pour la retraite la plus sûre, après les tours postées sur le sommet inaccessible d'un rocher. Cette enceinte subsiste encore, ainsi qu'une pagode hindoue, qui s'élève au-dessus de toutes les fortifications. Derrière le mur, les Mahométans ont bâti des remparts en maçonnerie beaucoup plus solides, et mis ainsi la place en état de repousser les attaques les plus formidables des armées indiennes. Mais elle ne pouvait résister long-temps au canon des Européens; aussi, dès que les Anglais s'en furent rendus maîtres, ils couronnèrent les ouvrages mahométans par un mur d'une grande épaisseur, avec un parapet et des embrasures pour recevoir de l'artillerie. Depuis la chute de Tipou ce fort a perdu presque toute son importance, et d'ailleurs il ne pourrait long-temps se défendre parce qu'il est dominé par les montagnes voisines.

Lith. de Marlet & C.ie

Vue du fort de Vellour

PALÉAGAR.

Paléagar, en tamoul *Pâlaiyagâren*, ou Seigneur d'un camp, est le nom que portent, dans le sud de l'Inde, depuis la province d'Orixa jusqu'au cap Comorin, les chefs indépendants de race hindoue[1]. Ils sont nombreux dans le pays de Marava, dont ils forment, avec les *Kaller* ou voleurs, la population primitive. Ces hommes grossiers et sauvages commandaient dans l'origine ces bandes de maraudeurs, retranchées dans les forêts et dans les montagnes de la presqu'île, et qui en sortaient pour ravager les plaines. Ils se fixèrent peu à peu dans les villages qu'ils avaient enlevés aux gouvernements voisins, ou en reçurent des concessions de terre, à la charge de maintenir la paix dans le pays, et de le défendre contre les incursions des autres chefs. Quelques uns se disent issus d'anciens Râdjas. Plusieurs comptent parmi leurs ancêtres les principaux officiers des rois hindous de Bisnagar, qui, après la chute de cette dynastie, se retirèrent dans le sud de l'Inde, pour échapper à la domination mahométane. D'autres, enfin, sont des officiers jadis chargés du recouvrement des impôts, qui, à la faveur des troubles dont l'Inde a été si souvent agitée, se sont déclarés indépendants. Dans les temps paisibles, les *Paléagars* étaient les vassaux d'un Râdja supérieur, qui leur reconnaissait la propriété du sol qu'ils occupaient, moyennant une redevance en argent et l'équipement d'un corps de troupes au service du roi; c'était une véritable féodalité. Quand les Mahométans se furent rendus maîtres de presque tout le Carnatic, vers la fin du dix-septième siècle, les chefs du Marava s'obligèrent à leur payer un tribut peu onéreux; mais les gouverneurs musulmans exerçaient, pour l'augmenter, d'intolérables violences, et les *Paléagars* s'en vengeaient par de fréquentes révoltes. Ils restèrent ainsi dans leurs forêts, toujours attaqués et jamais soumis, jusqu'au moment où les Anglais, qui devaient remplacer dans l'Inde tous les pouvoirs nationaux et étrangers, songèrent à les réduire. En 1803, ils les assiégèrent régulièrement dans leurs établissements principaux, Shivaganga et Ramnâth, et depuis cette époque ils ont payé exactement le tribut.

L'homme nu qui dans notre planche présente une lettre au *Paléagar*, est un des pêcheurs connus des Européens sous le nom de *Maquois;* nous les décrirons plus bas.

[1] Ce mot est composé du tamoul *Pâlaiyam*, camp, et de *gâren* (du sanscrit *kri*, faire), qui sert à former un très grand nombre de noms de professions dans le sud de l'Inde.

Geringer.

Lith. de Marlet et C.ie, r. du Bouloi, N.o 19

Paléagar.

T. பாளையகாறன

FAUCONNIER.

Les Râdjas, et les chefs hindous voisins des forêts qui couvrent quelques parties de l'Inde, entretiennent à grands frais des troupes de faucons et autres oiseaux de proie, que les oiseleurs excellent à dresser. Les plus forts sont destinés à la chasse des jeunes daims et des antilopes; ils s'abattent sur leur tête, et parviennent quelquefois à les tuer en leur crevant les yeux et leur ouvrant le crâne à coups de bec. D'autres, plus petits, servent à la poursuite des oiseaux aquatiques qui peuplent les étangs de l'Inde. Tandis qu'on fait lever le gibier en poussant de grands cris, les faucons, planant au-dessus du marais, le forcent de redescendre et de se livrer aux flèches du chasseur.

Les Râdjas ou les chefs qui, comme les *Paléagars*, ont des prétentions à l'exercice du pouvoir suprême, sortent rarement sans être accompagnés d'un ou plusieurs fauconniers. Ces hommes occupent un rang important dans le palais; chez les Râdjas, ils appartiennent à la famille royale. Celui de notre planche est de ce nombre, comme le prouve la note, en tamoul, qui accompagne le dessin original que M. Géringer doit à un Hindou du Coromandel, et dont le sens est: «Homme de la famille royale, qui élève les oiseaux dans le palais du Roi.»

Les chasseurs hindous sont très adroits; quelques castes, qui vivent dans les bois, se livrent exclusivement à cette profession. Ils vont ensuite dans les villages vendre le produit de leur chasse. Les *Parias* ne se font pas scrupule d'en manger; mais les hautes castes, qui ont autant d'horreur pour le meurtre que pour toute nourriture animale, n'achètent souvent les oiseaux que pour leur donner la liberté. Dans presque toute l'Inde, les habitants, même les plus pauvres, élèvent un grand nombre de ces beaux pigeons, bleus et verts, si communs dans ce pays. On leur attache aux pattes de petites clochettes, dont le bruit éloigne, dit-on, les oiseaux de proie. Deux ou trois fois par jour, on les lâche, et les Hindous prennent plaisir à les voir s'élever rapidement, puis redescendre dans leur cage à l'appel de leur maître.

Fauconnier.

T. ராசவினுடைய அரமனையில
குருவிகளைவளாத்திற பாசகுலத்தான

PÉONS.

Les *Péons*, mot qui dérive du portugais *peão*, piéton, sont des domestiques attachés aux chefs hindous et aux Européens, et dont les fonctions consistent à rester en dehors de la maison pour introduire les étrangers, à porter les lettres, et principalement à courir devant les palanquins de leur maître. Ils se subdivisent en plusieurs classes, dont la considération augmente ou diminue suivant qu'ils sont plus près ou plus loin de la personne de celui qu'ils servent. Les *Péons* qui appartiennent à un chef puissant se distinguent par un bâton ou une masse d'argent, longue d'environ cinq pieds, dont le gros bout a trois ou quatre pouces de diamètre, et le petit seulement un pouce. Ceux d'un ordre inférieur en ont un plus court et légèrement incliné à une de ses extrémités. Ces masses portent quelquefois l'empreinte d'une tête de tigre. Les *Péons* ordinaires les remplacent par une baguette qu'ils agitent en courant. Ils n'ont de particulier dans leur costume qu'un baudrier ou une ceinture, sur laquelle est ordinairement une plaque d'argent avec le nom ou le chiffre du maître. Leur chaussure est une espèce de sandale retenue à l'aide de courroies qui passent par l'orteil et qui viennent se nouer au-dessus de la cheville. Quand un Hindou descend de son palanquin, un des *Péons* le suit avec un parasol en jonc d'une très grande légèreté, et dont le manche est fort court. Enfin, ils sont souvent chargés d'infliger aux autres domestiques les punitions corporelles auxquelles le maître les condamne.

Les *Péons* au service des Européens sont ou Musulmans ou Hindous. Mais ceux qui accompagnent ou précèdent les palanquins des *Paléagars* sont Hindous de race, et chacune des classes dans lesquelles ils se subdivisent prend autant de soin pour ne pas se confondre avec celle qui lui est inférieure, que les Brahmanes eux-mêmes à l'égard des basses castes.

Peons.

FÊTE DU FEU.

La fête du feu, appelée en tamoul *Nerouppou Tirounál,* ne se célèbre pas en l'honneur du feu, que les Indiens révèrent sous le nom d'*Agni,* mais en mémoire de l'épreuve à laquelle se soumit autrefois *Draopadí*, femme des fils de *Pándou,* l'un des anciens rois de Delhi. Elle avait épousé les cinq frères nommés, dans les poèmes héroïques de l'Inde, *Pândavas*, et vivait successivement avec chacun d'eux. Mais avant de passer dans les bras d'un nouvel époux, elle se purifiait en marchant sur des charbons ardents. Telle est, suivant la tradition des Hindous du Coromandel, l'origine de cette fête, qui n'a point d'époque fixe, mais ne peut se célébrer que dans les trois premiers mois de l'année indienne, avril, mai et juin. Elle dure dix-huit jours. Pendant ce temps, ceux qui ont fait vœu de se purifier doivent jeûner, s'abstenir de tout commerce avec les femmes, et coucher sur la terre sans nattes. Le dix-huitième jour, après s'être paré la tête de fleurs, et barbouillé le corps de safran, ils se rendent, au son des cymbales et des trompettes, à l'endroit où est étendu le brasier, qui a ordinairement trente ou quarante pieds de long. Ils suivent, en chantant, les images de *Draopadí* et de *Dharmarádja* l'aîné de ses cinq époux, placées sous de petits pavillons décorés de guirlandes et de drapeaux. Quand la procession a fait trois fois le tour du brasier, on le remue pour en augmenter l'ardeur; les pénitents se marquent le front avec un peu de cendre, et commencent à traverser les charbons enflammés, plus ou moins lentement, suivant leur dévotion. Quelques uns agitent en courant des sabres, des lances, ou des étendards; d'autres soutiennent des enfants dans leurs bras, ou portent sur la tête des vases ou des espèces de cages ornées de fleurs et de petits drapeaux. Quand la cérémonie est achevée, le peuple s'empresse de ramasser un peu de la cendre du brasier, et demande aux pénitents quelques fleurs de leurs guirlandes pour les conserver pieusement.

Il ne paraît pas qu'aucune caste ou aucune secte de Pénitents possède exclusivement le droit de célébrer la Fête du feu. On y voit le plus souvent figurer des *Táder*, espèces de mendiants qui font vœu de chanter toute leur vie les louanges de *Vichnou;* nous aurons plus tard occasion d'en parler. Il n'est cependant pas rare d'y rencontrer des sectateurs de *Shiva;* on les reconnait, comme dans notre planche, aux trois lignes blanches tracées sur leur front.

Fête du Feu.

T. நெருப்பு திருநாள்

CIPAYES.

Les Cipayes (mot qui dérive du persan *Sipâhi*, soldat) sont les hommes de race hindoue qui servent dans les armées européennes. Les Français passent pour avoir les premiers enrégimenté les Hindous du Coromandel. Leur exemple a été suivi par les autres puissances qui avaient des établissements dans l'Inde; et de nos jours presque toutes les forces militaires de la compagnie anglaise consistent en Cipayes. La proportion des soldats indigènes aux européens est d'environ dix à un. Conduites par des chefs non Hindous, ces troupes sont braves, et pendant les guerres brillantes des Français et des Anglais dans l'Inde, elles ont souvent donné des preuves d'une rare intrépidité. Ces actes de courage eussent sans doute réhabilité les soldats indiens dans l'estime de l'Europe, si des opinions dès long-temps arrêtées sur leur mollesse et leur indolence n'eussent empêché de les prendre en considération.

En se soumettant à la discipline de leurs derniers conquérans, les Hindous n'ont renoncé ni à leurs habitudes ni à leurs préjugés nationaux. Leur costume est une espèce de compromis entre les prétentions de deux maîtres également exigeants, le climat et l'uniforme. Ils ont la veste, les revers et les parements européens, mais il ne paraît pas qu'on ait pu leur faire prendre généralement le pantalon, et ils vont les jambes nues. Il y a peu d'années (en 1807) que la Présidence de Madras, voulant faire un changement dans la tenue des Cipayes, ordonna qu'ils porteraient des toques en cuir de bœuf. Les Hindous exposèrent aux Européens que la religion de *Brahmâ* leur inspirait une aversion insurmontable pour le cuir de bœuf. La Présidence tint à la stricte exécution de son réglement, et au bout de trois jours, toutes les troupes et tous les habitants européens de Vellour, hommes, femmes et enfants, étaient massacrés. La révolte se répandit dans toute l'Inde, et un peu plus de ténacité dans le gouvernement de Madras allait mettre en danger la puissance colossale de la compagnie anglaise. Les Cipayes conservèrent leur bonnet de carton verni, et leurs jambes nues. Leurs officiers seuls portent des pantalons et des bottes.

Weber del. Lith. de Marlet & Cie r. du Boulo. N° 19

Cipayes.

COMOUTTI.

Les *Cômouttis* forment une des castes les plus distinguées, quoique les moins nombreuses, du Coromandel. Ils se disent les seuls descendants des *Vaishyas* ou de la troisième des tribus primitives, et prétendent marcher immédiatement après les Brahmanes, puisque les *Kchatriyas* actuels ne sont que des *Shoûdras*. Les Brahmanes eux-mêmes reconnaissent la pureté de leur origine, toutes les fois qu'ils ne sont pas obligés de flatter quelque Râdja, qui veut se faire passer pour *Kchatriya*. Les *Cômouttis*, à quelque nation et à quelque secte qu'ils appartiennent, peuvent se marier et manger ensemble, privilèges qui, dans l'Inde, sont la meilleure preuve de l'égalité des castes. Un homme de cette tribu, né à Bénarès, sera admis dans les familles du Tanjaour et de Râmeshvaram, s'il a connaissance de certaines coutumes qu'on a soin de tenir secrètes. Leurs chefs, outre le droit de juridiction qu'ils possèdent sur les membres de la tribu, jouissent encore d'une exemption complète d'impôts. Ils sont héréditaires, mais ne peuvent dans aucun cas agir sans consulter les vieillards. La chair des animaux et les liqueurs enivrantes sont interdites aux *Cômouttis ;* ils ne peuvent même trafiquer de ces objets. Ils ne cultivent jamais la terre et ne s'abaissent pas jusqu'à la pratique des arts mécaniques. Comme les *Vaishyas* leurs ancêtres, ils se livrent à toute espèce de commerce, et entre autres à celui des toiles, des pierres précieuses et des épiceries, dont les Hindous font un grand usage. Les feuilles du plantain leur servent à la fois d'enveloppe et de papier pour tenir leurs comptes. Les membres de cette tribu portent le cordon brahmanique, privilège exclusif des trois premières castes anciennes. Ils se distinguent encore par un rond rouge qu'ils se tracent sur la joue.

Suivant quelques autorités, les *Cômouttis* se confondaient autrefois avec les *Chettis* (autre espèce de marchands), et appartenaient à la grande division appelée la *Main gauche*. Mais depuis qu'ils ont prié les *Shoûdras* de les recevoir comme leurs enfants, ils font partie de la *Main droite*. On en rencontre quelques uns, dans le Tanjaour et aux environs de Gengis, qui ont embrassé le métier de lutteurs ; ils se battent avec des couronnes de fer armées de pointes.

Midy del. Lith. de Marlet & Cie

Cômoutti ou Marchand de drogueries.

T. கோமுட்டி

VALAIYALKAREN
OU MARCHAND DE BRACELETS.

Les *Valaiyalkârer* [1], c'est-à-dire les marchands de bracelets de verre ou de porcelaine, appartiennent à la caste nommée *Kavarai-Vadouger.* Elle n'est pas d'origine tamoule, comme l'indique l'épithète de *Vadouger,* par laquelle les habitants du Coromandel désignent les Télingas. Cette caste est respectée, et exempte de payer les droits perçus par le gouvernement sur les marchandises. Elle fait partie de la seconde tribu de la *Main droite.*

Les femmes hindoues aiment à se parer de bracelets et d'anneaux de toute espèce; elles en portent souvent jusqu'à douze à la fois au poignet, au bas de la jambe, aux doigts des mains et des pieds. Le bruit que font ces bijoux quand elles marchent leur est très agréable. Elles ne les quittent que quand elles ont perdu leur mari ou un de leurs proches parents. Les bracelets sont en or, en argent, en cuivre, en tôle, en ivoire ou en corail. Les femmes pauvres en portent de verre ou de porcelaine peinte de diverses couleurs. On recherche encore ceux qui sont faits avec la grosse coquille appelée *Shankha* [2]; les Hindous qui se piquent de mener une vie régulière les préfèrent même aux anneaux d'or et d'argent. Il existe une caste assez estimée, nommée *Shankhakâra,* qui se livre à la fabrication des bracelets de cette espèce. Les coquillages, retenus entre les pieds de l'ouvrier, sont coupés au moyen d'une scie longue, mince et non dentée. On façonne et on polit les morceaux en les frottant sur une pierre dure avec de l'eau et du sable. Quand ils sont une fois ajustés, on se sert de gomme laque, pour déguiser les jointures et y tracer divers ornements.

(1) Ce mot, comme tous ceux de la langue tamoule qui sont terminés au singulier en *en*, fait le pluriel en *er*.

(2) Le *Shankha* est le *Murex Tritonis.* C'est la conque portée par *Vichnou*, dont les anciens guerriers de l'Inde se servaient comme de trompette, et dont les pénitents sectateurs de ce dieu sonnent encore aujourd'hui, pour annoncer leur présence. Les Hindous l'emploient aussi pour offrir des libations dans certains sacrifices.

PL. 6.

Valaiyalkâren ou Marchand de bracelets.

T. வளையலகாரன

VUE PRISE DANS LE TINNEVELY.

Cette planche représente un des édifices appelés par les Européens *Chaudrie,* altération du tamoul *Chattiram.* On en distingue à la côte du Coromandel deux espèces. Les unes, nommées *Mandapa,* sont de vastes enceintes formées d'un ou plusieurs rangs de colonnes qui soutiennent un toit plat, recouvert de dalles souvent longues de trente ou quarante pieds. Les *Mandapa* sont bâtis auprès des bois, sur le bord des lacs, ou au confluent de deux rivières, endroit que les Hindous regardent comme sacré. C'est là que les pénitents viennent faire leurs ablutions, et c'est sous le *Mandapa* qu'on dépose les images des dieux dans les processions solennelles. Les voyageurs peuvent aussi s'y reposer. Mais les édifices qui leur sont spécialement consacrés se nomment *Chattiram,* du sanscrit *Tchatour quatre,* parce que la forme en est quadrangulaire. Ils consistent en une galerie au milieu de laquelle est un espace vide, quelquefois divisé en deux ou plusieurs compartiments ; le toit en est incliné. Les *Chaudries* sont placées sur le bord des chemins, et auprès des étangs naturels ou creusés de main d'homme. Quelques unes sont confiées à la garde d'un Brahmane, chargé de distribuer aux voyageurs du lait ou de l'eau de riz. La prévoyance des fondateurs y a souvent même fait construire des murs à hauteur d'appui sur lesquels les porteurs peuvent déposer seuls et reprendre leurs fardeaux.

Les *Chaudries* sont répandues dans toute l'Inde, mais nulle part peut-être elles ne sont en plus grand nombre qu'à la côte de Coromandel. Élevées toutes aux frais des particuliers, elles attestent la bienfaisance des Hindous, aux yeux desquels la construction d'un bâtiment de ce genre est un acte méritoire, que la religion encourage. Aussi la reconnaissance publique récompense les hommes qui ont su faire ce noble usage de leurs richesses, en joignant à leur nom celui de l'édifice qu'ils ont fondé.

Midy. Lith. de Motte et Cie. r. des Beaux, N.o 19.

Vue prise dans le Tinnevely.

PORTEUR D'ARGENT.

Les porteurs d'argent sont Télingas d'origine, et ils appartiennent à la tribu des *Goalas* ou bergers, dont leur caste est une subdivision, mais avec lesquels il ne faut pas les confondre. Ils se disent issus des *Shoûdras,* et prétendent que *Krichna,* la plus célèbre des incarnations de *Vichnou,* est né d'un père et d'une mère *Goala.*

Les porteurs Télingas se chargent de l'argent du gouvernement et de celui des particuliers. Tantôt seuls, tantôt réunis en troupes quand on leur a remis une somme considérable, ils marchent armés d'un sabre maure et d'un long bâton. Ils sont d'une fidélité et d'une bravoure à toute épreuve; s'ils sont attaqués, ils se défendent jusqu'à la dernière extrémité, et tiennent à honneur de se faire tuer plutôt que de livrer leur dépôt. Ils ont dans chaque ville un chef héréditaire reconnu par l'état. Il est chargé de la police de la caste; et lorsqu'un de ses membres est convaincu d'avoir détourné la somme qui lui avait été confiée, le chef dénonce le crime au magistrat civil, et, après en avoir reçu l'autorisation, fait mettre à mort le coupable.

Les porteurs d'argent divisent leur fardeau dans de petits sacs, qu'ils réunissent et enveloppent dans une longue pièce de toile jetée sur leurs épaules. Lorsque la charge est peu considérable, cette pièce est roulée autour de la ceinture.

A la côte de Coromandel, les porteurs d'argent sont appelés *Pion-Gola*; ce nom dérive, suivant les meilleures autorités, du portugais *Peão*, piéton, et de *Gola,* pour *Goala* (altération du sanscrit *Gopâla,* berger), c'est-à-dire piéton de la caste des bergers.

Porteur d'Argent.

PORTEUR DE LETTRES.

Trois castes sont en possession du droit de fournir des courriers et porteurs de lettres : ce sont les Télingas, les *Vellâjer* et les *Palli;* les deux dernières sont d'origine tamoule. Les porteurs renferment leurs dépêches dans une petite boîte de fer blanc, ou de bois, qu'ils placent sur leur tête. Ils courent sans cesse, et peuvent faire environ trente milles en douze heures. Cette rapidité est remarquable dans un pays où le sol sabloneux, le passage des rivières, et la chaleur du climat, opposent au voyageur des obstacles souvent insurmontables. Leur main gauche soutient un bâton terminé à une de ses extrémités par un anneau auquel sont suspendues de petites plaques de fer. Le bruit qu'elles font en frappant les unes contre les autres suffit pour éloigner les serpents, si communs dans l'Inde. Souvent leur main droite porte un linge humide, dont ils se servent pour se rafraîchir le visage.

Les courriers se nomment, à la côte de Coromandel, *Tapalkârer*, du mot *Tapal*, qui désigne la poste.

Beau Lith.

Lith. de Marlet & Cie.

Porteur de lettres.

BERGER.

Les bergers, nommés dans presque toute l'Inde *Goala* (altération du sanscrit *Gopâla*), vivent dans de petits villages situés sur le bord des bois ou des plaines non cultivées dans lesquelles ils mènent paître leurs troupeaux. Chaque famille, quel que soit le nombre des membres qui la composent, paie au gouvernement une rente fixe et uniforme pour le droit de pâture sur les terres de l'état. Cette taxe, très peu élevée, est perçue par le chef de la caste qui réside dans la ville principale du district. Les *Goalas* s'abstiennent de toute liqueur spiritueuse, ainsi que de poisson et de pourceau; mais ils peuvent manger du mouton, de la chèvre et du daim. Ils suivent le culte de *Vichnou*; cependant les prêtres qui officient dans leurs temples et dans leurs cérémonies religieuses n'appartiennent pas à la caste des Brahmanes : ce sont de simples *Goalas* dont l'emploi est héréditaire. Les bergers étaient, dit-on, jadis très méprisés, et relégués comme les Parias hors des villes; mais depuis l'incarnation de *Vichnou* en *Krichna* qui a passé sa jeunesse au milieu des pâtres, ils sont plus généralement estimés. Toutefois les Brahmanes ne leur accordent pas même le titre de descendants des *Shoûdras*, auquel ils prétendent.

Lorsque les pâturages qui entourent les huttes des *Goalas* ne sont plus assez abondants, les troupeaux sont conduits dans les forêts, souvent à des distances considérables. Les bergers, enveloppés dans un manteau de laine grossièrement tissu, passent la nuit au milieu de leurs bœufs et de leurs chiens, et se défendent des attaques des tigres en allumant de grands feux. Ce sont les hommes, et non les femmes, qui doivent traire les vaches. Le lait est porté à la hutte, et de là aux villages où il est vendu, dans de grands pots recouverts de quelques feuilles qui empêchent l'agitation de la liqueur. Les *Goalas* courent toujours en portant leur fardeau.

Casati

Lith. de Marlet et Cie r. du Coulei, No 19.

Bergers.

S. गोपाल: T. கோபாலன

FUNÉRAILLES D'UN BRAHMANE.

Aussitôt qu'un Brahmane a rendu le dernier soupir, son fils, ou celui que les lois déclarent héritier et en même temps chef des funérailles, va se baigner sans ôter ses vêtements, et se fait ensuite raser la tête et le visage. Le cadavre du défunt est lavé soigneusement, et, après être resté quelques jours exposé sur un lit de parade, il est transporté sur un brancard dont la forme ressemble quelquefois à celle d'un palanquin grossièrement construit, et qui est toujours orné de fleurs et de feuillages. Le cortége, auquel les femmes n'assistent jamais, est précédé par le chef des funérailles, qui porte du feu dans un vase de terre. Dès qu'on est arrivé au lieu du bûcher, élevé à quelque distance des villes, et composé de bois et d'un mélange de bouse de vache et de paille hachée, sur laquelle on a répandu du beurre liquide afin de hâter la combustion, on y dépose le cadavre, que l'on cache presque entièrement sous un amas de matières inflammables, à l'exception du visage, qui, si le Brahmane était marié, doit rester découvert. On lui met sur la poitrine des bananes ou des gâteaux de riz, et dans la bouche une petite pièce d'or. Le chef des funérailles s'avance ensuite, portant sur son épaule une cruche pleine d'eau; il fait trois fois le tour du bûcher, à chacun des tours perce la cruche d'un trou, et vient la briser près de la tête du défunt. Prenant alors une torche des mains d'un des assistants, il met le feu aux quatre coins du bûcher, et, dès qu'il est allumé entièrement, se retire pour aller se purifier. Il ne reste auprès du cadavre que les Brahmanes qui ont apporté le brancard, et deux hommes armés de longs bâtons, et chargés du triste devoir de contenir les membres, qui se redressent par l'action d'un feu ardent.

Pl. 3.

Midy Lith.

Lith. de Motte et Cie r. du Bouloi N.o 19.

Funérailles d'un Brahmane.

MARCHANDS DE LAIT.

Les marchands de lait appartiennent, dans la plus grande partie de l'Inde, à la même caste que les *Goalas* ou bergers; cependant on ne doit pas les confondre avec eux, parce que la plupart des bergers se livrent exclusivement au soin des troupeaux. Les vendeurs de lait vont quelquefois à des distances considérables, toujours en troupes, et portant sur l'épaule une longue perche, aux deux bouts de laquelle sont suspendus deux grands vases de terre cuite, très minces. Ils courent sans cesse, et changent leur fardeau d'une épaule à l'autre sans s'arrêter. Presque tous portent un turban jaune. Ils sont de la secte de *Vichnou*, et ne s'allient qu'avec les bergers, les laboureurs et les jardiniers.

Le lait est une des substances alimentaires dont les Hindous ont de tout temps fait le plus grand usage. Ils le prennent rarement frais, mais recherchent extrêmement le caillé, appelé *Dhui*, altération du sanscrit *Dadhi*. Ils en font aussi du beurre, dont ils ne se servent qu'après l'avoir fait fondre et bouillir dans un pot de terre jusqu'à ce que l'eau qu'il peut contenir encore soit complètement évaporée; ils y ajoutent alors un peu de sel et de tamarin, et le conservent dans cet état des années entières : c'est ce qu'on appelle le *Ghí*.

Weber

Lith. de Marlet et Cie rue du Bouloi, N° 19

Marchands de Lait.

TISSERANDS.

Rien n'est plus simple que les procédés qu'emploient les Hindous pour tisser ces étoffes de coton si fines et si admirées. Ils préparent d'abord la chaine en tendant les fils sur de petits morceaux de bois fixés en terre à peu de distance l'un de l'autre, et en les arrangeant de manière qu'ils passent alternativement dessus et dessous chacun des bâtons. Le tisserand se sert pour les diriger et les espacer convenablement d'une baguette de bambou. Quand il a ainsi disposé le nombre de fils proportionné à la largeur qu'il veut donner à sa toile, il monte la chaine sur ce que, pour être clairs, nous appellerons son métier, c'est-à-dire sur deux blocs de pierre, dont l'un lui sert de siège, ou plus souvent même sur la terre nue, dans laquelle il creuse une fosse assez profonde pour recevoir ses jambes. Il retire alors les bâtons de la chaine, et y introduit à leur place deux rouleaux minces, dont les extrémités sont soutenues par deux cordes attachées à une branche de l'arbre à l'abri duquel le tisserand a soin de se placer. De ses pieds partent deux autres cordes qui vont rejoindre les rouleaux, et lui donnent le moyen de les abaisser alternativement, et de séparer ainsi la chaine pour y passer la trame. Lorsque les fils sont très fins, on les mouille avec de l'eau de riz, appelée *Cange*, pour leur donner de la solidité; quelquefois même on retient la chaine sous l'eau, de peur qu'ils ne se rompent pendant le travail.

La caste des tisserands, nommée *Kaikkolen*, est peu estimée; elle occupe la septième place dans la grande division appelée *La Main droite.*

La planche V représente un tisserand qui prépare la chaine, sa femme qui file, et, sur le second plan, la chaine montée et le métier suspendu à une branche d'arbre.

Ed. Beau. Lith de Martel et Cie rue du bouloi, No 19

Tisserands.

MOUTCHIS

OU PEINTRES SUR TOILE.

Les peintres sur toile appartiennent à plusieurs castes, entre autres à celles des *Velláler,* des *Pallis* et des *Moutchis.* Un pinceau de bambou grossièrement fait, deux ou trois tessons dans lesquels ils broient leurs couleurs, et une fiole de graisse ou d'huile, tels sont les instruments et les matières qu'ils emploient. Assis par terre, ils tendent leur étoffe sur un châssis, et y tracent avec le pinceau les dessins dont on leur a donné le modèle. L'étoffe est ensuite plongée dans l'eau, opération qui a pour but de fixer les couleurs, qui désormais sont inaltérables; les plus solides sont le rouge, le bleu et le vert. Les *Moutchis* peignent aussi les statues des dieux, ou en font, sur la toile et le papier, des copies très estimées des Hindous.

Les *Moùtchis* sont encore tanneurs et cordonniers. Le contact habituel du cuir, une des matières les plus impures aux yeux d'un Hindou, est la cause du mépris qu'ont pour eux les castes plus relevées. En effet, quoiqu'ils portent le cordon brahmanique, et à ce titre se prétendent issus des *Shoûdras,* ceux-ci rougiraient de les admettre à leurs repas. Les *Moutchis* ne mangent rien de ce qui a eu vie, et s'abstiennent ordinairement de liqueurs enivrantes. C'est cependant parmi les membres de cette caste qu'ont lieu ces assemblées secrètes, dans lesquelles, après d'infames orgies, les plus saintes lois de la nature sont audacieusement violées. On croit même que le mariage du frère et de la sœur, de l'oncle et de la nièce, leur est légalement permis.

La planche VI représente un *Moutchi* tanneur et un *Moutchi* peintre.

Weber del.

Lith. de Marlet & Cie rue du Roulet. N° 9.

Moutchis, ou peintres sur toile.

KATTAMARAM

OU RADEAU DE LA COTE DE COROMANDEL.

On appelle *Kattamaram*, à la côte de Coromandel, des radeaux formés de trois ou quatre troncs d'arbre longs de sept à vingt pieds, et attachés ensemble au moyen de cordages faits avec l'enveloppe de la noix de coco. Les plus grands ont une voile et sont montés par plusieurs hommes; les plus petits, d'un fréquent usage, ne portent qu'un marin, dont le corps est nu et dont la tête seule est couverte d'un bonnet de roseaux en forme de cône. On les emploie pour aller reconnaître les bâtimens qui arrivent en vue de la côte, et surtout pour porter les dépêches, à des distances souvent considérables. Pendant la violente mousson nord-est de 1795, le général Stuart, qui commandait les forces anglaises à Ceylan, s'en servit pour établir une communication régulière entre cette île et le continent; on rapporte même qu'un de ces petits radeaux fit en trente heures la traversée de Négapatnam à Trinquemalé, c'est-à-dire environ cent cinquante milles. Quand un Hindou doit faire un aussi long voyage, il emporte une provision de riz cuit assaisonné avec du poivre, et des noix de coco fraîches pour se désaltérer. Il place ses lettres dans son bonnet de roseau, qu'il a soin d'attacher sous son cou. Dans un temps calme, assis sur son radeau il le dirige avec ses jambes. Quand les vagues sont hautes, debout sur le *Kattamaram*, il en suit tous les mouvements, et s'il en est renversé, il le regagne bientôt à la nage. Ce sont ces marins, presque tous Hindous de race, qui, au temps de la pêche des perles sur le banc de Mannâr, sont employés à ramasser les coquillages. Ils plongent à la profondeur de quatre à cinq brasses, mais il est rare qu'ils puissent répéter plus de huit ou neuf fois par jour cette opération fatigante.

Notre planche représente deux *Kattamaram* traversant la barre pour aller reconnaître un vaisseau qui salue la ville de Pondichéry, et une barque de construction hindoue appelée *Chelingue*. Les planches en sont cousues comme les morceaux d'une étoffe, et les jours qu'elles laissent sont remplis d'étoupes. Grâce à leur souplesse et à leur légèreté, ces bateaux échappent à la violence des vagues, qui les briseraient infailliblement s'ils offraient plus de résistance.

A. St Aulaire. Lith. de Motte et Cie r. du Bouloi, N° 19.

Kattamaram ou Radeau de la côte de Coromandel.

ENNAIVANIYEN

OU MARCHAND D'HUILE.

Les marchands et fabricants d'huile se nomment à la côte de Coromandel *Ennaivâniyer* ou plus communément *Vâniyer*, d'où les Européens ont fait *Banian*, mot qui désigne tous les marchands en général [1]. Ils composent la troisième tribu de la faction dite la *Main gauche*.

De toutes les machines inventées par les Hindous pour faire l'huile, la plus simple est le moulin dont ils se servent pour extraire celle du coco et de la plante nommée *Gengeli* ou *Gergelin*. Il se compose d'un gros tronc d'arbre solidement fixé en terre et dont la partie supérieure supporte un mortier, et d'un pilon de bois attaché à une traverse inclinée, au moyen de laquelle le pilon tourne dans le mortier de la manière suivante : l'extrémité inférieure de la traverse est fixée sur une large barre de bois placée horizontalement au-dessous du mortier. Cette barre, qui est reçue dans une échancrure pratiquée au haut du tronc d'arbre, est mise en mouvement par un attelage de bœufs, entraîne avec elle la traverse, puis le pilon, qui tourne ainsi dans le mortier et écrase les graines. Un homme monté sur la barre horizontale, repousse dans le vase celles qui en sortent, ramasse l'huile à mesure qu'elle arrive à la superficie, et la recueille dans de grands pots de terre.

[1] Ce mot tamoul, qui au singulier s'écrit comme sur notre planche *Ennaivâniyen*, est formé de *Ennai* huile, et *Vâniyen* marchand.

Ad. Midy. Lith. de Martel et Cie, r. du Bouloi, N° 19

Ennaivániyen, ou Marchand d'huile.

T. எணணெவாணியன

TATTAN OU ORFÈVRE.

Les orfèvres appartiennent à la tribu nombreuse des *Pantchâlas* ou des cinq castes d'artisans, c'est-à-dire des orfèvres, des charpentiers, des forgerons, des maçons, et des chaudronniers. Ces différences de métiers ne constituent pas des castes distinctes. Les *Pantchâlas*, quelque profession qu'ils exercent, mangent en commun, et un fils peut à son choix faire le métier de son père, ou embrasser un des quatre autres états dont se compose la caste. Ils se prétendent issus des cinq fils de *Vishvakarmâ*, qui bâtit le palais des dieux, et portent le cordon sacré, marque de leur noble origine. Ils vont même quelquefois jusqu'à disputer le premier rang aux brahmanes; mais ceux-ci repoussent avec mépris leurs prétentions, et disent que le cordon brahmanique porté par un *Pantchâla* est un trop beau bât pour un âne. Cette caste passe pour être formée des dernières tribus des *Shoûdras;* elle tient le premier rang dans la faction dite la *Main gauche*.

Les orfèvres que représente notre planche appartiennent à la secte de *Shiva*; ils portent au cou et au bras une petite boîte ovale qui renferme le *Lingam*, image de leur dieu. Les moyens qu'ils emploient pour travailler les métaux sont d'une extrême simplicité. Ils n'ont ni cheminée ni fourneau : leur brasier est un grand vase plein de charbon. Leurs ustensiles sont, une enclume, un creuset, des marteaux et quelques limes. Mais leur patience et leur dextérité suppléent à l'imperfection de leurs outils, et ils font quelquefois des ouvrages qui égalent ce que l'industrie européenne produit de plus achevé.

Bardel lith.

Lith. de Marlet & Cie r. du Bouloi, N° 19.

Tattân, ou orfèvre

T. தட்டான.

TATCHEN OU CHARPENTIER.

Les charpentiers appartiennent à la caste des *Pantchâlas*, et à ce titre portent le cordon brahmanique; ils occupent le second rang dans la faction de la *Main gauche*.

Les instruments qu'ils emploient sont la hache, la scie, le ciseau et le rabot. Mais ces outils sont si grossièrement fabriqués qu'un européen ne saurait en faire usage. Une cour leur sert d'atelier, et la terre d'établi; leur pied est le seul moyen de résistance qu'ils sachent opposer aux efforts de leur bras. Cependant l'influence des Anglais leur a déja fait modifier quelques unes de leurs antiques méthodes. Sur les côtes et dans les provinces rapprochées du centre de la puissance britannique, ils se servent d'outils de fabrique anglaise, et savent parfaitement imiter les ouvrages européens qu'on leur donne pour modèles.

De même que dans les autres castes, les femmes s'occupent des soins du ménage et vont dans les bazars vendre de petits coffres en bois indigène. Celle que représente notre planche porte à sa bouche une feuille de bétel.

Le mot tamoul *Tatchen* vient du pali *Tatchtchhaka*, lequel dérive du sanscrit *Tvachtâ*, charpentier.

Tatchen ou Charpentier. T. தசசன

FÊTE DE MARIYAMMAI.

La fête de *Mâriyammai*, déesse particulièrement révérée par les basses castes, est célébrée par les Hindous qui veulent expier leurs péchés et même ceux des autres. Ils s'y soumettent à de cruelles tortures, dont la plus commune et la plus bizarre est celle que représente notre planche. On dresse sur une place, ou dans la campagne, un mât haut de vingt à trente pieds, au sommet duquel est adaptée transversalement une vergue qui tourne sur un pivot. A un des bouts de la vergue est fixé un crochet de fer semblable à ceux des bouchers. Quelque temps avant l'époque de la fête, celui qui a fait vœu d'y figurer s'impose un jeûne rigoureux. Le matin du jour consacré, et avant le lever du soleil, il fait ses ablutions, puis se frotte tout le corps de safran, et se pare de longues guirlandes de fleurs de *Mougri*, espèce de jasmin sauvage dont on se sert dans toutes les cérémonies religieuses [1]. Lorsqu'il est arrivé sur le lieu de la scène, l'homme qui doit lui attacher le crochet lui applique, avec le creux de la main, un coup très fort dans le milieu du dos. Les chairs enflent immédiatement, et le crochet y est aussitôt introduit. Si le patient en est à sa première épreuve, on recouvre le crochet d'un bandage solide, de peur que la chair ne se déchire. L'extrémité opposée de la vergue est alors abaissée, et le patient se trouve suspendu à la hauteur de vingt à trente pieds. On lui fait faire ensuite autant de tours que son courage en peut supporter : ordinairement la cérémonie dure un quart d'heure. Pendant ce temps il agite un sabre ou un bouclier; le plus souvent il laisse tomber les fleurs de ses guirlandes. La foule s'en empare avidement; car les Hindous regardent tout ce qui a touché le corps d'un pénitent comme un préservatif contre l'influence des mauvais génies. A la fin de la cérémonie, le patient est redescendu, le crochet est enlevé, et on pose sur la plaie un emplâtre composé de safran et de bouse de vache. L'enflure dure encore plusieurs jours, mais il est rare que cette douloureuse épreuve soit suivie de quelque accident grave.

Cette fête est la même que celle qui, au Bengale, s'appelle *Tcharaka*, et se célèbre en l'honneur de *Shiva*. A la côte de Coromandel les Brahmanes n'y assistent jamais, parce qu'elle est consacrée à *Mâriyammai* qu'ils méprisent. Les basses castes sont les seules qui se dévouent à son culte. L'homme qui figure dans notre planche avait servi M. Géringer en qualité de jardinier.

(1) *Mougri* vient du sanscrit *Moudgara*, *Jasminum Zambac*.

PL. 3

Bardel

Lith. de Marlet et Cie, r. des bons enfans, No 10

Fête de Mariyammai.

KOLLATTOUKKAREN
OU MAÇON.

Les maçons appartiennent, pour la plupart, à la caste des *Pantchâlas*. Leurs outils sont simples et peu nombreux. Ils font moins fréquemment usage de la pierre que d'une brique très dure, que les potiers leur vendent à bas prix. Ils se servent d'un ciment composé de sable tamisé, et de chaux faite avec les coquillages que la mer rejette sur le rivage, où les femmes et les enfants vont chaque matin les recueillir. A la côte de Coromandel, et surtout à Pondichéry, les maisons et les édifices publics sont recouverts dans leur totalité d'un enduit dont le poli et l'éclat égalent le plus beau marbre blanc. C'est un mélange de chaux et de coquilles d'œufs réduites en poudre et délayées dans du lait. On y ajoute une certaine quantité d'une mélasse épaisse et visqueuse extraite du jaquier (1). Cet enduit, dont l'application est très facile, acquiert en séchant une dureté extrême, et résiste pendant plusieurs années aux impressions de l'air. On s'en sert à la fois et pour embellir les élégantes colonnades qui décorent les palais des Européens, et pour revêtir les demeures plus simples qu'habite la population hindoue.

Les femmes des maçons pilent le mortier dans des espèces d'auges creusées à une petite profondeur dans le sol, et longues de trois ou quatre pieds sur un de large. On leur donne par jour de quatre à six sous de notre monnaie. Elles s'accompagnent d'un chant monotone qu'elles répètent patiemment tant que dure le travail. La saleté de leurs vêtements, et le désordre de leur chevelure, couverte de chaux, donnent à ces femmes un aspect repoussant que n'ont pas celles des autres castes dont il a été parlé jusqu'ici.

(1) *Artocarpus integrifolia.*

Lith. de Marlet & Cie, r. du Bouloi, N° 19.

Kollatoukkâren ou Maçon.

T. கொல்லத்துக்காரன

KOUCHAVEN

OU POTIER.

Les potiers, à la côte de Coromandel, appartiennent presque tous à la secte de *Shiva*, et portent le *Lingam*. Ils n'entrent dans aucune des divisions de la *Main droite* et de la *Main gauche*. Ce sont eux qui font tous les vases de terre, depuis les grandes jarres dans lesquelles on transporte le lait, jusqu'aux pots d'une argile très poreuse, nommés par les Européens *Gargoulettes*, et dont on se sert pour rafraîchir l'eau. Ils cuisent la brique et la tuile, et façonnent les statues des divinités indiennes, qui, après avoir été consacrées et adorées pendant plusieurs jours, sont, à certaines époques de l'année, jetées dans les étangs ou dans les rivières. Ils construisent aussi ces statues colossales de *Bhoûta*, d'éléphants et de chevaux, que l'on voit dans les plaines, et que les Hindous regardent comme les divinités protectrices des champs.

La roue, dont ils se servent depuis une haute antiquité, est faite en bois; on la place horizontalement sur un pivot solidement fixé en terre. Le centre de la roue est assez large pour pouvoir soutenir une masse considérable d'argile. Les potiers la mettent en mouvement au moyen d'un bâton, et pendant qu'elle tourne avec le plus de rapidité, ils façonnent l'argile sans autre secours que leurs mains. Ils excellent à faire des vases énormes et d'une extrême légèreté, mais ils ignorent l'usage du vernis et de l'émail. Les femmes vont vendre au bazar les produits du travail de leurs maris; elles réunissent ensemble jusqu'à sept ou huit pots en les attachant par le col, et les portent sur leur tête sans jamais en casser un seul, quelle que soit la rapidité de leur course. Les chefs de cette caste paient au gouvernement une taxe pour la glaise qu'emploie la tribu. Dans un grand nombre de villages du Coromandel, le potier doit fournir aux cultivateurs les vases qui leur sont nécessaires pendant l'année; il est payé après la moisson en produits agricoles. Les courriers de l'état ont les mêmes droits que les cultivateurs.

Les potiers ont le privilège de guérir les foulures et les contusions; ils se servent, à cet effet, de quelques simples dont la connaissance est héréditaire dans leur caste.

Beau. Lith. de Marlet et Cie, r. des boulets N° 19.

Kouchaven ou Potier.

T. குசவன

CHANAR.

On appelle *Chânâr* les Hindous qui recueillent le jus de palmier, et en font cette liqueur enivrante si recherchée des basses castes. Le *Panai* ou palmier [1], et le *Tennamaram* ou cocotier [2], la fournissent également, mais les procédés employés pour l'extraire ne sont pas exactement les mêmes. Les *Chânâr* se servent, pour monter sur les arbres, d'une petite échelle de bambou : puis ils se passent autour des reins une ceinture lâche qui embrasse aussi le tronc de l'arbre : elle les aide à s'arrêter à la hauteur qu'ils veulent, et les empêche de glisser. Si c'est un palmier, ils font à la spathe une incision profonde d'un pouce et longue de trois, et placent au-dessous un pot, pour recevoir la sève qui découle de la fente. Si c'est un cocotier, on coupe quelques unes des jeunes branches, et on suspend un vase à chacune d'elles. La liqueur ainsi recueillie se nomme *Kallou*, ou *Toddi*, du sanscrit *Tâdi*. Lorsqu'elle est bue fraîche avant le lever du soleil, elle a une saveur douce; au bout d'une heure, elle commence à fermenter et contracte un goût désagréable pour tout autre que pour un Hindou : dans cet état elle est très enivrante; le lendemain elle est complètement aigrie.

Les *Chânâr* se nomment aussi *Sourer*, du sanscrit *Sourâ*, liqueur fermentée. Ils appartiennent à la quatrième division de la *Main gauche*, et sont de la secte de *Shiva*. Ce sont leurs femmes qui vendent le *Kallou*. Dans quelques parties de l'Inde méridionale, ils ne forment pas, à proprement parler, une caste dont l'existence soit reconnue par les autres Hindous; ils sont relégués au nombre de ces tribus sauvages qui vivent dans les forêts, et n'en sortent que pour vendre les produits de leur grossière industrie. On en rencontre dans les montagnes du Malabar, qui vont entièrement nus; ce sont les femmes qui grimpent sur les arbres.

(1) *Borassus flabelliformis.*

(2) *Cocos nucifera.*

Chânâr.

T. சாணா

VUE DE LA CHAUDRIE DE SYALI.

Cette planche représente la *Chaudrie* de Syali, village situé sur un des bras du Caveri, non loin de la mer, et à quelques milles au nord-ouest de Tranquebar. C'est là que s'arrêtent les voyageurs qui vont de cette dernière ville à Pondichéry. Cet édifice, dont la date n'est pas ancienne, a été construit aux frais d'un Hindou qui, pendant une longue maladie, avait fait vœu de bâtir une *Chaudrie* dans un endroit solitaire. Il se compose d'une vaste salle intérieure divisée en deux parties, du nord au sud, et de deux galeries qui règnent des côtés de l'est et de l'ouest, et sous lesquelles peuvent se reposer les voyageurs sans distinction de caste ni de secte. Devant la *Chaudrie* est un étang des bords duquel a été prise la vue que reproduit notre planche. Les hyènes et les tigres sont communs dans cette partie de la route ; leur repaire est à peu de distance de la *Chaudrie* dans les ruines d'un vieux fort, que les Anglais démolirent pendant leurs dernières guerres avec les Français à la côte de Coromandel.

Bardel. Lith. r du bouloi, N.º 19

Vue de la Chaudrie de Syali.

JARDINIERS.

Les jardiniers du Coromandel se nomment *Tôttakârer,* ou *Koudiyânaver* (littéralement, *laboureurs*) et sont membres de la caste *Palli*, une des tribus primitives de race tamoule, et l'une de celles dont les nombreuses subdivisions sont le plus répandues sur la côte orientale de la péninsule. Ils forment une des dernières tribus des *Shoûdras,* et peuvent se nourrir de la chair des animaux; cependant les plus respectés d'entre eux s'abstiennent de toute boisson enivrante. Ils portent le signe du *Nâmam* et invoquent *Venkata Râmana*, nom de *Vichnou* tel qu'il est adoré dans le temple célèbre de *Tiroupati.* Mais un des principaux dieux des jardiniers est *Dharma Râdja ,* l'aîné des cinq fils du roi *Pândou;* sa statue ressemble exactement à celle de *Gotama Bouddha.* Les *Poûdjâris*, ou prêtres qui officient dans ses temples, sont de simples membres de la caste; leur emploi est héréditaire.

Les jardins ou vergers, en tamoul *Tôttam*, sont nombreux à la côte de Coromandel, et leurs produits sont pour les cultivateurs *Shoûdras* qui les possèdent une source presque certaine de richesses. Il y en a plusieurs espèces, suivant la nature des végétaux qu'on y cultive. Les uns sont consacrés aux plantes potagères, comme les concombres, les patates, le gingembre; les autres aux arbres fruitiers, comme le jaquier, le manguier, le citronnier et le cocotier, le plus utile de ceux que produit le sol fertile de l'Inde. Son bois sert à faire des bateaux et des poutres; son écorce, une toile grossière. De ses branches coupées découle le *Sourâ*, cette liqueur si recherchée des basses castes. On fait des cordages avec les filaments ligneux qui recouvrent le coco, et des vases avec la noix même qui enveloppe le fruit. Avant la maturité parfaite, cette noix contient une substance laiteuse, douce et rafraîchissante, que boivent les Hindous; quand la pulpe commence à durcir, on en extrait de l'huile, et le résidu sert encore à engraisser la volaille. D'autres jardins sont destinés à la culture du bétel, que l'on plante ordinairement auprès du palmier arec, sur lequel grimpe sa tige. Les Hindous machent sans cesse la feuille du bétel, mêlée avec la noix d'arec, et saupoudrée d'un peu de chaux faite avec des coquillages; on la nomme alors *Pân*, mot dérivé du sanscrit *Parna*, *feuille.* Elle passe pour conserver les dents, et même, si l'on en avale quelquefois le jus, pour fortifier l'estomac. Son effet immédiat est de donner aux lèvres cette couleur de vermillon, célébrée par tous les poètes Hindous comme un ornement de la beauté.

Pl. 4.

Jardiniers.

T. [illegible]

MAQUOIS OU PÊCHEURS.

Il existe, à l'extrémité de la péninsule et sur la côte du Malabar, une caste de pêcheurs connus des Européens sous le nom de *Maquois*, en tamoul *Moukkouver*, c'est-à-dire les plongeurs. Ils vivent de leur pêche, et en même temps sont porteurs de palanquins. Nus à l'exception de la ceinture et de la tête qu'ils se couvrent d'une pièce d'étoffe ou d'un bonnet de jonc, ils passent leur vie dans l'eau à tendre et à tirer leurs filets. Dès l'enfance les *Maquois* sont exposés aux ardeurs du soleil; aussi leur teint est-il beaucoup plus noir que celui des autres Malabares, et leur peau rude offre des traces de l'action corrosive de l'eau de mer subitement desséchée par la chaleur d'un climat brûlant. Dans le temps de la pêche des huîtres, deux *Maquois* arrêtent leur bateau dans la mer avec de longues perches. L'un descend au fond de l'eau avec un panier et une corde attachée à sa ceinture; celui qui reste dans la barque en tient l'autre bout. Quand le panier est plein, le plongeur tire la corde pour avertir son camarade de l'aider à remonter. A la mort du roi, ou d'un prince de la famille royale, les *Maquois* s'abstiennent de pêcher; on plante alors dans la rivière une branche d'arbre en signe de défense, et elle y reste quelquefois huit ou dix jours jusqu'à ce que, dit-on, l'ame du mort, qui peut aller animer un poisson, ait eu le temps de se loger.

Ces hommes grossiers s'éloignent peu des bords de la mer, et de l'embouchure des fleuves qui s'y jettent. On trouve parmi eux un grand nombre d'Hindous devenus mahométans ou chrétiens; ceux qui sont restés fidèles à la religion brahmanique, dont ils n'ont au reste que des notions très imparfaites, forment une des dernières castes des *Shoûdras* et se marquent le front avec des cendres de bouse de vache. Ils peuvent manger la chair de toute espèce d'animaux, excepté celle du bœuf, et en général ne s'interdisent pas même les liqueurs enivrantes. Cette dernière circonstance est une des causes du mépris que leur portent les castes plus sévères sur le choix des aliments et l'accomplissement des devoirs religieux que le Brahmanisme impose à tous les Hindous.

Le poisson est un des aliments les plus recherchés dans l'Inde. On le mange ordinairement avec le riz. Mais les Brahmanes les plus rigides, et tous les sectateurs de *Shiva* s'en abstiennent par respect pour la loi qui défend de manger rien de ce qui a eu vie. Jadis le poisson cuit dans l'eau était offert aux Dieux, et faisait partie des sacrifices sanglants.

Pécheurs.

T. முககுவர

PORTEURS DE PALANQUINS TÉLINGAS.

Les porteurs de palanquins, à la côte de Coromandel, comme dans la plus grande partie de l'Inde méridionale, sont la plupart Télingas d'origine, de la caste *Kavarai*. Ils passent pour appartenir à une des dernières subdivisions de la tribu des *Shoûdras*. Ils sont soumis à des chefs héréditaires qui administrent la justice aux membres de la caste, et règlent le temps de leur service; c'est à ces chefs qu'on s'adresse pour louer des porteurs. Le nombre ordinaire dans les villes est de cinq; si l'on fait un long voyage, on en prend douze, et de plus un homme portant une torche et une cruche d'huile, pour éclairer la marche pendant la nuit. Le salaire de chaque porteur est d'un fanon trois quarts à deux fanons par jour, environ dix sous de notre monnaie. Ces hommes sobres et robustes courent avec leur charge; souvent ils ne mettent que quinze heures pour aller de Madras à Pondichéry, c'est-à-dire pour faire environ trente trois lieues; mais alors il faut placer un ou deux relais sur la route.

Les porteurs télingas sont appelés par les Européens *Boué*, altération du mot anglais *Boy*. Ils sont en même temps pêcheurs, et s'occupent, quand le palanquin est arrêté, à faire du filet. Moins rigides que les premières castes des *Shoûdras*, ils peuvent manger de ce qui a eu vie; mais ils seraient chassés de la tribu s'ils buvaient des liqueurs enivrantes. Ils sont de la secte de *Vichnou* et portent le signe du *Nâmam*.

Le palanquin, mot qui dérive sans doute du sanscrit *Palyanka*, ou du tamoul *Pallakkou* [1] est une litière longue et peu élevée dans laquelle on se tient assis. Elle est garnie de coussins et traversée par un long bambou, aux deux extrémités duquel se placent les porteurs. La forme des palanquins varie suivant la richesse et la dignité des maîtres. Il en est un, appelé en tamoul *Tandiyel*, dont les castes les plus nobles ont seules le droit de se servir. On peut voir la forme primitive du palanquin hindou dans la planche du *Paleagar;* celui qui est représenté ci-contre porte évidemment l'empreinte du goût européen.

(1) Le tamoul *Pallakkou*, le pâli *Pallanka* et l'hindoustani *Pâlkî* paraissent n'être que des altérations du sanscrit *Palyanka*.

Les Porteurs de Palanquins.

T. போயிகலை ளைகாத்

PONGOL DES VACHES.

La fête nommée par les Tamouls *Pongol*, ou plus exactement *Ponguel*, a lieu le premier jour du mois *Tai* ou janvier; elle est destinée à célébrer le renouvellement de l'année solaire. Cette fête dure deux jours; le premier, elle s'appelle *Peroum Ponguel*, ou grand *Pongol:* elle consiste en une offrande de riz cuit dans du lait, que l'on présente aux dieux; *Ponguel*, en tamoul, signifie *riz cuit.* Le second jour, elle prend le nom de *Mâdou Ponguel* ou *Pongol* des vaches. On dore et on peint de diverses couleurs les cornes des vaches; on les orne de fleurs, de fruits et de gâteaux de toute espèce. Elles sont ensuite conduites en grande pompe hors du village, au son des tambours et des trompettes. Arrivées dans une vaste plaine, on les chasse en poussant de grands cris; on les force à prendre la fuite, et à mesure que les gâteaux et les fruits, détachés par la violence de leurs mouvements, tombent à terre, les Hindous les ramassent et les mangent avidement. Les statues des dieux assistent à cette fête solennelle et sont processionnellement portées dans la campagne, précédées de troupes de Bayadères dansant.

Le jour du *Pongol*, les Brahmanes qui règlent le calendrier jettent des sorts pour connaître les événements de l'année qui va s'ouvrir. Ils disent que *Sangirrândi*, l'un des dieux, descend sur la terre chaque année à pareil jour, pour leur dévoiler les biens et les maux qui sont promis au peuple, et qu'il les annonce par le grain qu'il mange et l'animal qu'il monte. Ce dieu n'est autre que la personnification mythologique du passage du soleil d'un signe du zodiaque dans un autre, exprimé par le mot sanscrit *Sankrânti, passage.* A la fin de la journée, les Hindous se font des présents, et se visitent en cérémonie pour se souhaiter un bon *Pongol.*

Bordel Lith. Imp. par Brégeaut. Lith. de Martel.

Pongol des Vaches.

T. மாடுபொங்கல

AMBATTER OU BARBIERS.

La caste des barbiers, en tamoul *Ambatter* ou *Ammatter*, forme une des dernières tribus des *Shoûdras*. Chaque village dans le sud de l'Inde en possède une ou plusieurs familles, dont les membres ont le droit exclusif d'y exercer leur profession. Les habitants les paient en denrées au temps de la récolte; mais aussi les barbiers ne peuvent se refuser à aucun des offices auxquels les oblige leur emploi. Les Hindous, même les plus pauvres, ne se rasent ni ne se coupent jamais les ongles eux-mêmes. C'est aux barbiers que sont dévolus ces soins avilissants. On les rencontre presque toujours accroupis au pied d'un arbre ou au bord des chemins; ils se servent d'un rasoir d'une forme grossière, et ne connaissent pas l'usage du savon. Dans plusieurs provinces du sud, les Hindous se font raser toutes les parties du corps où il croit du poil, à l'exception des sourcils et d'une mèche de cheveux qu'ils se laissent croitre au sommet de la tête. Les Brahmanes, le jour de leur mariage et dans quelques cérémonies importantes, où la religion exige qu'ils soient purs, ne manquent jamais à ce devoir : ils ont alors recours au barbier du village; mais ils doivent effacer immédiatement par le bain la souillure que cette main vile leur a imprimée. Les barbiers excellent dans l'art d'assouplir les muscles en faisant craquer les jointures. Ils commencent cette opération, que les Hindous recherchent comme un plaisir, en saisissant le patient par les oreilles, et lui appliquant sur la nuque un coup qui produit un bruit capable d'effrayer un étranger, puis ils continuent méthodiquement ce travail sur toutes les jointures, en finissant par l'orteil.

Les barbiers sont encore chirurgiens; ils ne se servent pour tout instrument que de leur rasoir et de l'espèce de poinçon tranchant avec lequel ils rognent les ongles. Leur caste comprend aussi les musiciens de profession dont il sera parlé plus bas.

Les femmes des barbiers colorent le creux de la main, la plante des pieds, et les ongles des Hindoues avec un rouge brillant. Mais elles ne leur coupent jamais les cheveux qu'au temps de leur veuvage.

Notre planche représente un barbier rasant un Hindou du Coromandel, et un sipaye qui se dessine les sourcils avec de petites pinces. L'Hindou vêtu de blanc est un barbier au service des Européens.

Lith. de Martel et Cie r. du bentei, 19

Barbiers.

T. Mouvinn

VANNAR OU BLANCHISSEURS.

Les blanchisseurs, qui occupent le onzième rang dans la faction de la *Main droite,* sont presque aussi méprisés que les Parias. Les souillures qu'ils contractent en touchant à des vêtements impurs, les rendent odieux aux Hindous des castes supérieures. Ils ignorent l'usage du savon et le remplacent par l'urine de vache ou la cendre de plantain. Ils se servent aussi quelquefois d'une terre blanchâtre imprégnée de soude que l'on trouve en abondance dans le centre du Maïssour; on la nomme *Tchahoul-Mannou.* Après que le linge a trempé quelque temps dans une lessive de cette espèce, ils le plongent dans l'eau froide et le battent, avec un lourd maillet, sur une pierre placée au bord d'un étang.

Les blanchisseurs ne peuvent se servir ni de bœufs ni de chevaux pour transporter le linge. Le bœuf est vénéré comme la monture de *Shiva*, et, dans quelques provinces, il est même adoré comme un dieu. Le cheval est trop noble pour un aussi vil emploi, et d'ailleurs il est assez rare dans le sud de l'Inde. On ne leur permet que le buffle, ou l'âne, animal méprisé, dont quelques tribus nomades font seules usage.

Comme les barbiers, les blanchisseurs sont au service des habitants de chaque village, qui les paient en denrées. Jadis ces deux castes n'en faisaient qu'une seule, et ce n'est que dans des temps assez modernes qu'elles se sont séparées. La tradition rapporte que les barbiers se plaignaient de ce que les filles qu'ils donnaient en mariage aux blanchisseurs étaient condamnées à des travaux beaucoup plus rudes que celles qu'ils recevaient de ces derniers. Les alliances cessèrent, et la tribu fut dès lors divisée en deux castes.

Lith. de Morlot.

Vamár ou Blanchisseurs.

T. வணணா

TOTTIS.

Les *Tôttis*, ou valets de village, appartiennent à la caste des Parias. Ils sont obligés de balayer et de nettoyer les rues. Chez les Européens, ils sont employés aux offices les plus bas, que les autres domestiques Parias se croiraient deshonorés de remplir. Ils gardent la moisson, et sont spécialement chargés de déterminer les limites de chaque propriété. Ce sont eux qui distribuent, dans les champs de riz, l'eau des étangs ou des canaux destinés à l'irrigation des plaines. Cette dernière circonstance les place dans l'estime des habitans, qui sont obligés de les ménager, un peu au-dessus des simples Parias. Ils sont encore quelquefois messagers du village et servent de guides aux voyageurs du gouvernement. Leur office est héréditaire, et ils sont payés en denrées au temps de la moisson; le gouvernement leur assigne aussi des terres sous le titre de *Maniyam* [1], pour lesquelles ils ne payent pas d'impôts. Les cadavres des animaux qui meurent dans le village appartiennent de droit au *Tôtti*, qui en vend la chair à vil prix aux Parias du voisinage.

Dans le Maduré, les *Tôttis* sont regardés comme plus vils que les Parias, parce qu'ils mangent des grenouilles. Aussi ces derniers les méprisent et refusent de les admettre à leurs repas.

[1] *Maniyam* signifie, à proprement parler, *gouvernement*.

Tôttis.

T. தொழுசாதி

MAISON DE BRAHMANES.

Cette planche représente une maison de Brahmanes, telle qu'on en trouve dans les *Agrâram* du sud de l'Inde, c'est-à-dire dans les villages exclusivement habités par des familles de la première caste[1]. Ces maisons sont ordinairement sans fenêtres, couvertes en jonc ou avec des feuilles sèches de palmier, et extérieurement décorées de bandes perpendiculaires de couleur rouge. A droite, est une statue en pierre de *Ganesha,* devant laquelle deux Hindous se prosternent. Elle est, pour les habitants de la maison, l'objet d'un culte spécial, et chaque matin, après l'avoir lavée et frottée d'huile, on la pare de guirlandes de fleurs nouvelles.

Les Hindous ont une manière bizarre d'adorer *Ganesha.* Ils se ferment les poings, se croisent les bras, et se donnent ainsi quelques coups sur les tempes; puis, se saisissant les oreilles, ils font trois révérences. Souvent, aussitôt qu'ils aperçoivent sa statue, ils se précipitent à terre, et, après s'être relevés, s'avancent lentement vers elle, les mains placées sur la bouche pour garantir le Dieu du contact impur de leur haleine.

Devant la maison sont plantés de jeunes arbres destinés à la protéger, ainsi que la statue de *Ganesha*, contre les ardeurs du soleil. Ordinairement on dresse en avant de la porte un *Pandel* ou appentis, couvert de paille et de branches d'arbre. Plus loin est un petit étang consacré aux ablutions de la famille.

[1] Ce mot est exactement écrit en tamoul *Akkirrâram;* l'orthographe de notre texte représente la prononciation la plus commune.

Lith. de Marlet

Maison de Brahmanes.

KOULIS OU MERCENAIRES.

Les *Koûlis* ou *Koûlikkârer*, comme les appellent les Tamouls, appartiennent aux diverses sous-divisions de la caste des *Shoûdras*. Il n'est même pas rare de voir de pauvres Brahmanes *Laokika* se louer à de riches négociants, qui leur font porter leurs marchandises, parce que les Brahmanes sont exemptés des droits de douane. Les *Koûlis* escortent les convois qui passent d'une province dans une autre, et se chargent des lettres comme des plus lourds fardeaux. Leur corps est nud à l'exception de la ceinture, autour de laquelle ils roulent une courte pièce de toile.

Les *Koûlis* ne sont pas moins attentifs que les castes les plus relevées à observer les usages de la civilité indienne. Ainsi ils se barbouillent le front et diverses parties du corps avec des cendres de bouze de vache ou de bois de sandal; ils se peignent en rouge les ongles des doigts des pieds. Suivant un usage général aux Indes, ils mangent le riz avec leurs mains; mais de même que les plus rigides Brahmanes, ils ont soin de ne se servir que de la droite, et ils se jettent les aliments dans la bouche, de manière que leurs doigts ne touchent pas aux lèvres. Le contact de la salive qui, pour les Hindous est une des substances les plus impures, les souillerait infailliblement.

Kôulis, ou Mercenaires.

T. கூலிக்காரர

CUISINIER PARIA.

Les Cuisiniers employés par les Européens établis dans l'Inde, appartiennent presque tous à la caste des Parias. Il faut descendre jusqu'à cette tribu méprisée pour trouver des Hindous qui consentent à préparer avec la chair des animaux, et entre autres celle du bœuf, ces repas sacrilèges dont s'épouvantent leurs préjugés religieux. La nécessité où se trouvent les Européens de se servir de Parias pour cet office, est une des causes de l'extrême mépris que les Hindous leur portent entre tous les autres étrangers. C'est une règle de la politesse indienne, qu'un inférieur peut manger des mets apprêtés par son supérieur; et de là vient que les riches *Shoûdras* ont soin, dans quelques occasions solennelles, de faire faire leur cuisine par des membres de la caste des Brahmanes. Les missionnaires catholiques, qui, pour exercer sur le peuple une plus grande influence, observaient scrupuleusement les usages des hautes classes, prirent aussi des cuisiniers Brahmanes. Mais l'Européen qui mange de la chair de bœuf apprêtée par un Paria, outre qu'il commet le plus grand de tous les crimes en participant au meurtre d'un animal sacré, se reconnaît encore inférieur à celui que les Hindous appellent le dernier des hommes.

Le riz assaisonné avec des épices, comme le piment, le gingembre, l'anis, et même l'assa fœtida, ou arrosé de beurre fondu, nommé *Ghí* (du sanscrit *Ghrita*), forme la base de la nourriture des Hindous. Dans les provinces du Sud, les sectaires de *Shiva,* ainsi que les Djaïnas, s'abstiennent absolument de viande, et même d'œufs; ils rejettent également ceux des végétaux dont la racine ou la tige se termine en forme de tête, comme les oignons et les champignons. Les Brahmanes ne font pas usage de vaisselle; la faïence et la porcelaine leur sont interdites. Une feuille de bananier, ou plusieurs feuilles d'arbre artistement cousues ensemble, tiennent lieu d'assiettes; chaque convive a la sienne qui ne sert qu'une fois. Un Hindou de bonne caste évite avec soin qu'on le voie manger. De même ses aliments doivent être préparés loin de tous les regards, et c'est pour cela que la cuisine est toujours placée dans l'endroit le plus reculé de la maison. Si un chien, un Paria, ou un étranger, venait à regarder la poterie qu'elle renferme, il faudrait la briser immédiatement, et purifier les vases de cuivre par des ablutions répétées.

Cuisinier Paria.

T. பறையன்

CHAKKILIYER

OU CORDONNIERS.

Les Cordonniers, qui occupent le dernier rang dans la subdivision de la *Main gauche*, sont généralement plus méprisés que les Parias eux-mêmes. Leur brutalité, et surtout l'impureté des matières qu'ils touchent, en font un objet d'horreur pour les premières castes. Ils vivent dans des villages isolés des habitations des autres Hindous, et renfermant au plus dix à douze familles, qui ont soin de se marier exclusivement entre elles, pour conserver la pureté de leur race, avantage dont les Cordonniers sont aussi jaloux que les plus nobles Brahmanes. Ils boivent avec excès le jus enivrant du palmier, et mangent la chair de toute espèce d'animaux, surtout celle des bestiaux morts de vieillesse ou de maladie : leur intempérance est telle, que les Parias eux-mêmes refusent de les admettre à leurs repas. Les Cordonniers sont une des nombreuses castes pour lesquelles le dernier des Brahmanes rougirait de remplir les fonctions sacerdotales. Comme les Parias, ils ont leurs prêtres particuliers qui appartiennent à la tribu, mais qui ne se marient jamais avec les *Chakkiliyer* de profession, et qui vivent des aumônes qu'ils en reçoivent, dans des *Matam* ou couvents, dont le chef est ordinairement héréditaire.

Malgré la répugnance qu'éprouvent en général les Hindous à toucher à quelque chose qui a eu vie, et surtout au cuir de bœuf, quelques tribus de *Shoûdras* portent cependant des souliers de peau de vache ou de cheval. Ce sont des espèces de sandales qui ne recouvrent que le bout du pied, et laissent le talon libre; la politesse veut qu'en entrant dans une maison on les quitte à la porte. Mais les Brahmanes et les dévots sectateurs de *Vichnou* et de *Shiva* vont pieds nus, ou se servent de socques de bois qui s'attachent au pied, au moyen d'une grosse cheville passant entre l'orteil et le premier doigt. C'est là l'ancienne chaussure des Hindous; les missionnaires catholiques l'ont adoptée, et jamais ils n'entrent dans leurs églises qu'avec ces socques de bois. On en peut voir la forme, ci-dessus, dans la planche du Fauconnier [1].

[1] Planche V^e^, VIe livraison.

Chakkiliyer ou Cordonniers

T. சக்கிலியர

SATTI.

Tous les voyageurs qui ont visité l'Orient ont décrit cette scène affreuse d'une femme brûlée vive à côté d'un cadavre; tous ont flétri le préjugé dont tant de veuves périssent victimes, et qui a résisté jusqu'à ce jour aux prières et aux menaces des gouvernemens européens qui se sont succédés dans l'Inde. Il nous suffira de rappeler les principales circonstances d'un de ces terribles sacrifices; on verra dans les *Mœurs et usages des Hindous*, de M. l'abbé Dubois, combien ils sont encore communs dans le sud de l'Inde.

Quand une femme, effrayée de l'état de misère et d'isolement qui, dans l'Inde, accompagne le veuvage, a déclaré qu'elle ne survivrait pas à son mari, ses parens lui demandent d'ordinaire un gage de son dévoûment : on apporte une lampe allumée, et la veuve tient un doigt dans la flamme jusqu'à ce qu'il soit presque réduit en charbon. Après cette épreuve, elle est jugée digne de monter sur le bûcher. Elle est conduite au bord du Gange ou d'un étang qui représente cette rivière sacrée; un Brahmane la suit en récitant les prières qui encouragent et sanctifient son sacrifice. Après s'être baignée, la veuve marche vers le bûcher, dont elle fait plusieurs fois le tour; alors commence une scène à laquelle un Européen n'a jamais assisté sans éprouver ce sentiment d'horreur que notre voyageur Bernier a si naïvement exprimé : la veuve est attachée au cadavre de son mari, ou bien, assise, elle le tient sur ses genoux; le bûcher a été arrosé de beurre, les vêtemens de la femme enduits de soufre; en un instant le feu s'y communique, et la flamme, la fumée, le bruit des trompettes, les cris de la multitude dérobent aux assistans la fin de la cérémonie.

On appelle *Satti* la femme qui monte sur le bûcher, et par suite la cérémonie elle-même; ce nom vient du sanscrit *Satî,* femme vertueuse. Cet usage, qui enlève environ deux femmes par jour dans la seule province du Bengale, a pour autorité la tradition et d'anciens textes, que les Hindous révèrent comme sacrés. Un de leurs sages les plus respectables l'a recommandé par ce précepte bizarre : « Il y a sur le corps humain trente-cinq millions de poils; la femme qui accompagne son mari au bûcher restera autant d'années dans le ciel. »

Bardel del. Lith. de Morier & Cie. R. du Bouloi, N° 19

Satti.

VEUVES INDIENNES.

Dans les provinces de l'Inde où le préjugé qui force les veuves à se brûler sur le corps de leur mari est le moins puissant, et surtout dans le sud de la presqu'île, peu de jours après la mort du mari, ses parentes et amies se réunissent dans sa maison; un repas leur est préparé, et, quand il est fini, les convives entourent la veuve, l'exhortent à se résigner à sa malheureuse destinée, l'embrassent, et, après avoir pleuré quelque temps avec elle, la jettent rudement par terre. La veuve se relève, s'asseoit sur un siége au milieu de l'assemblée, et une de ses plus proches parentes, après quelques prières, vient lui rompre le fil auquel est attaché le *Tâli,* symbole de l'union conjugale; on appelle ensuite le barbier, qui lui rase la tête. Cette double cérémonie fait descendre une femme dans la classe méprisée des veuves; rien ne peut désormais l'en faire sortir, et celle qui consentirait à se remarier serait pour toujours abandonnée, même de sa famille; le veuvage dure jusqu'à la mort. Une veuve doit se faire raser la tête une fois par mois; le bétel, le safran et les autres articles de la toilette indienne lui sont sévèrement interdits. Elle ne peut porter d'autres ornemens qu'un petit bijou d'une forme très-simple, qui s'attache au col. Elle n'est jamais vêtue que de toile blanche, ne peut puiser de l'eau qu'à un puits abandonné des autres femmes, et est exclue de toutes les fêtes de famille, car sa présence seule est un présage funeste.

Veuves Indiennes.

OTTEN.

La caste nommée, en tamoul, *Ottèn* (au pluriel *Otter*) est une des nombreuses tribus nomades qui parcourent le sud de l'Inde dans un état de misère et de dégradation qui élève entre elles et les autres castes une barrière insurmontable. Leur vie se passe à transporter des marchandises d'une province à une autre, sur des bœufs et des ânes, occupation qu'ils partagent avec une autre caste, celle des *Couraver,* dont il est cependant nécessaire de les distinguer. Le plus souvent, ils travaillent à la terre, creusent et nettoient les puits, les étangs, les canaux, en réparent les digues, et sont employés à la construction des ponts et aux autres ouvrages d'utilité publique. Dans ce cas, on leur permet de se bâtir quelques huttes en-dehors des villages, jusqu'à ce que les travaux soient terminés. Une particularité qui distingue cette caste, c'est qu'elle est la seule qui puisse élever et vendre des cochons, animaux impurs aux yeux des Hindous.

Les *Otter* sont sauvages et ignorans; leurs traits rudes et grossiers portent l'empreinte de leur misérable origine. On peut comparer notre planche, reproduction fidèle d'un dessin hindou, avec celles qui représentent des Brahmanes ou des *Shoûdras :* la différence des traits est frappante. Les *Otter* ont le nez presque épaté, les lèvres saillantes, les cheveux crépus. Mais ces caractères, qui semblent les rapprocher des peuples nègres, ne suffisent pas pour les faire regarder comme appartenant à une race essentiellement distincte de celle qui habite le sud de l'Inde. Des voyageurs dignes de foi assurent que la rudesse de leurs traits et le désordre de leur chevelure sont les résultats de leurs habitudes abjectes, et que la noirceur de leur peau, qui, dans l'enfance, est jaune comme celle des autres Hindous, est produite par l'action du soleil, à laquelle leur nudité les expose constamment.

Lith. de Marlet et Cie r. du Bouloi, 19.

Ollen.

PALLIS,

PORTEURS DE BOIS.

Les *Pallis* forment une des castes les plus répandues dans les pays où se parle la langue tamoule, leur idiôme national. Dans le désir de se rattacher à l'organisation de la société brahmanique, ils se disent issus des anciens *Shoûdras;* mais les autres castes leur contestent une origine aussi relevée, et il y a tout lieu de croire que loin d'appartenir à la nation conquérante qui a civilisé le sud de l'Inde, ils composent une des principales divisions de la population primitive de l'extrémité orientale de la presqu'île. Parmi les nombreuses branches de cette caste, on distingue les *Mîna Pallis*, qui, comme l'indique leur surnom, sont pêcheurs, et les *Vana Pallis,* ou *Pallis* des bois. Ces derniers cultivent la terre, et surtout les jardins potagers; ce sont eux qui apportent le bois aux villages.

Les *Pallis* peuvent boire des liqueurs spiritueuses et manger la chair des animaux. La polygamie leur est permise et le divorce interdit, si ce n'est dans le cas d'adultère de la femme. Les veuves peuvent se remarier. Ils sont soumis à des chefs héréditaires, qui terminent les différens en présence de la tribu assemblée. Les *Pallis* sont ignorans, et bien peu savent lire et écrire. Les dieux qu'ils adorent le plus généralement sont *Mannâr Svâmî,* dont nous avons parlé ci-dessus, *Dharma Râdja,* de la race de *Pândou,* célèbre dans les fastes héroïques de l'Inde ancienne et surtout les *Shaktis*, divinités femelles d'un caractère redoutable, auxquelles on offre des sacrifices sanglans. Les prêtres qui officient dans leurs temples sont pris parmi les membres de la tribu. Les *Pallis* enterrent, et ne brûlent pas leurs morts.

Pallis, Porteurs de bois.

T. பளளிகார்

TABLE

DU PREMIER VOLUME.

INTRODUCTION.

DIVINITÉS.

PORTRAITS.

VUES, CÉRÉMONIES RELIGIEUSES ET SCÈNES DE LA VIE PRIVÉE.

FIN DE LA TABLE DU PREMIER VOLUME.

ERRATA DU TEXTE.

1re livr., feuille I, lisez *Sarasvatî*. — 1re livr., feuille II, lisez *Nandî*. — 2e livr., feuille V, lisez *Poûdjâri*.

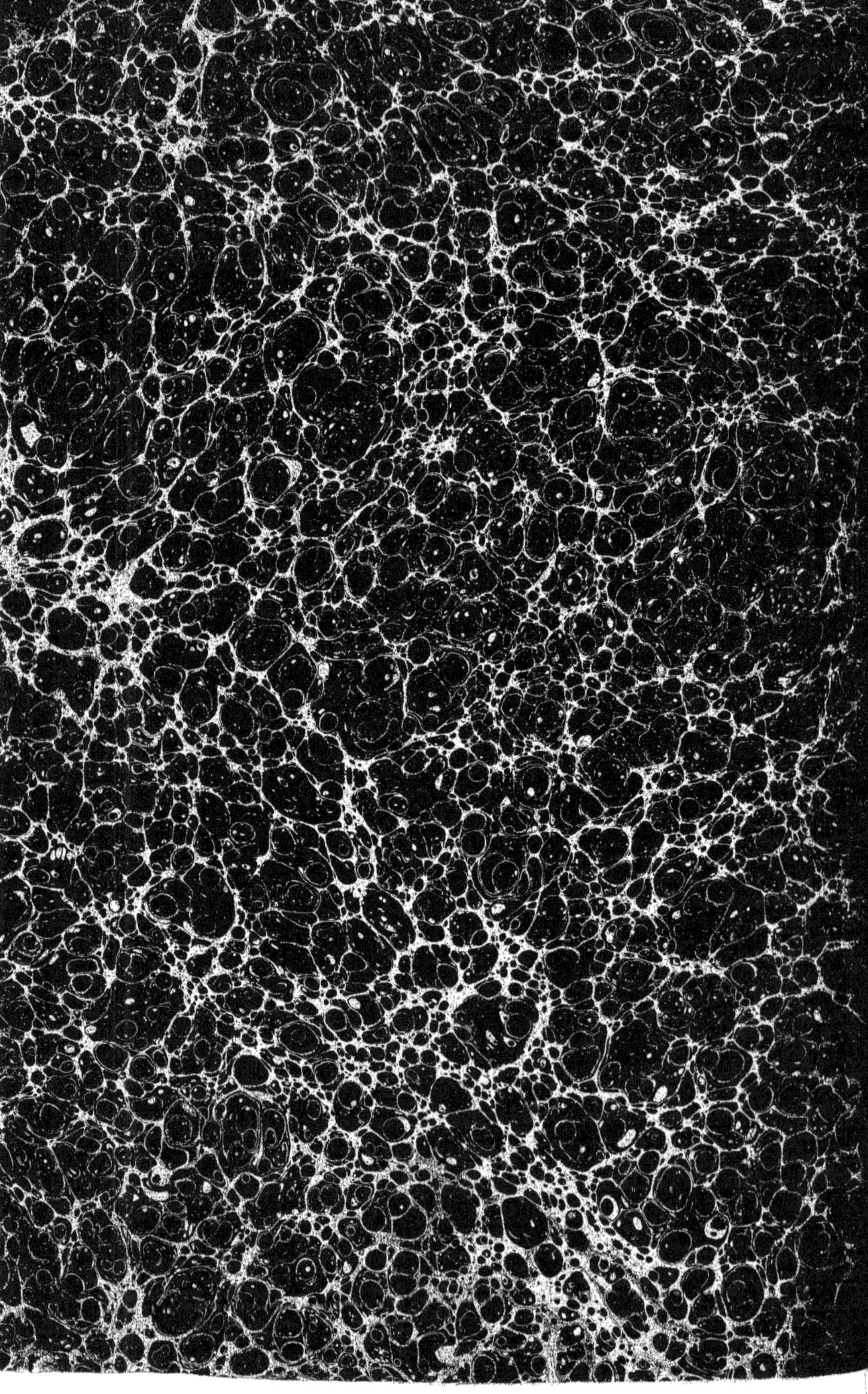

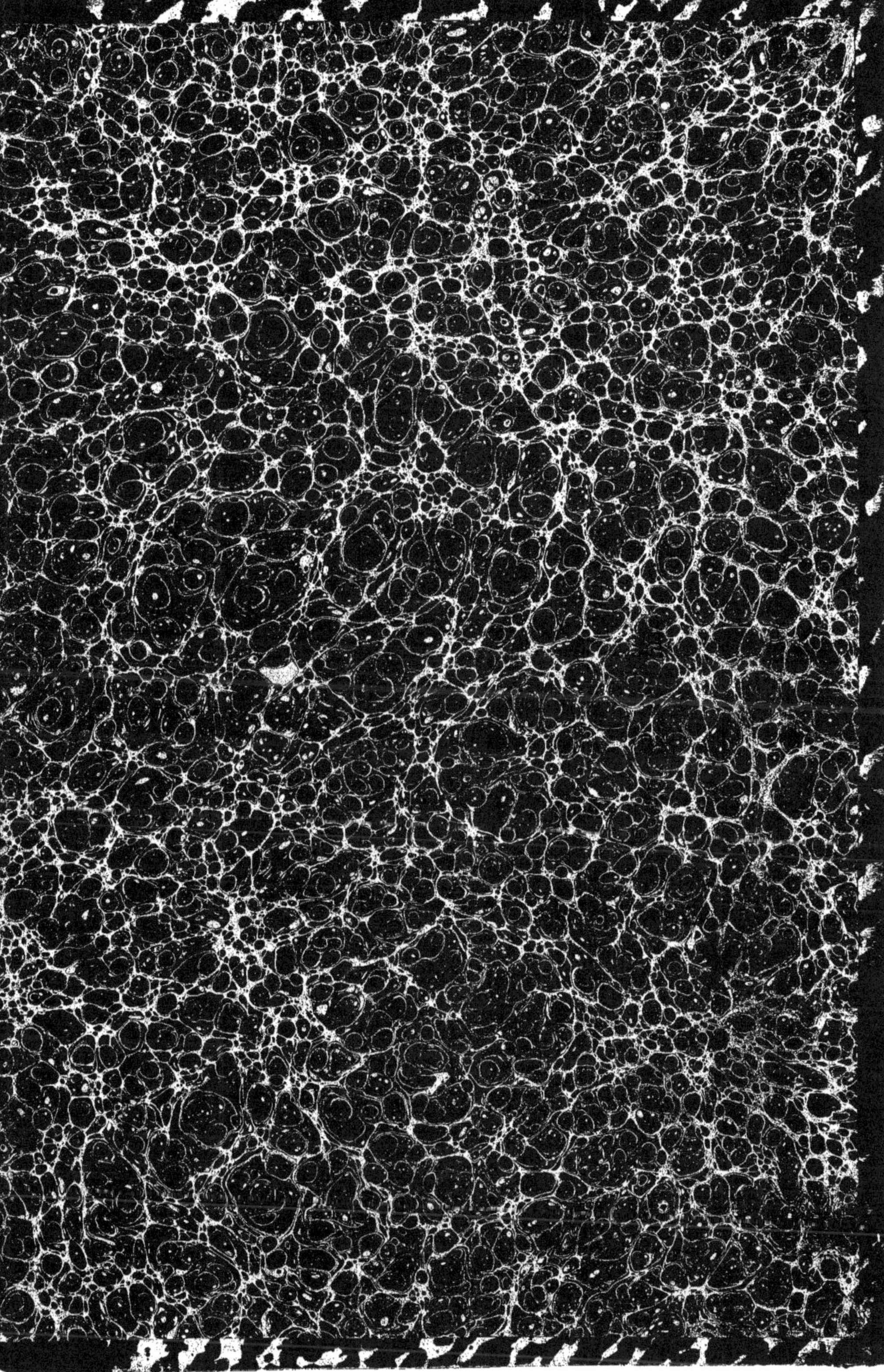

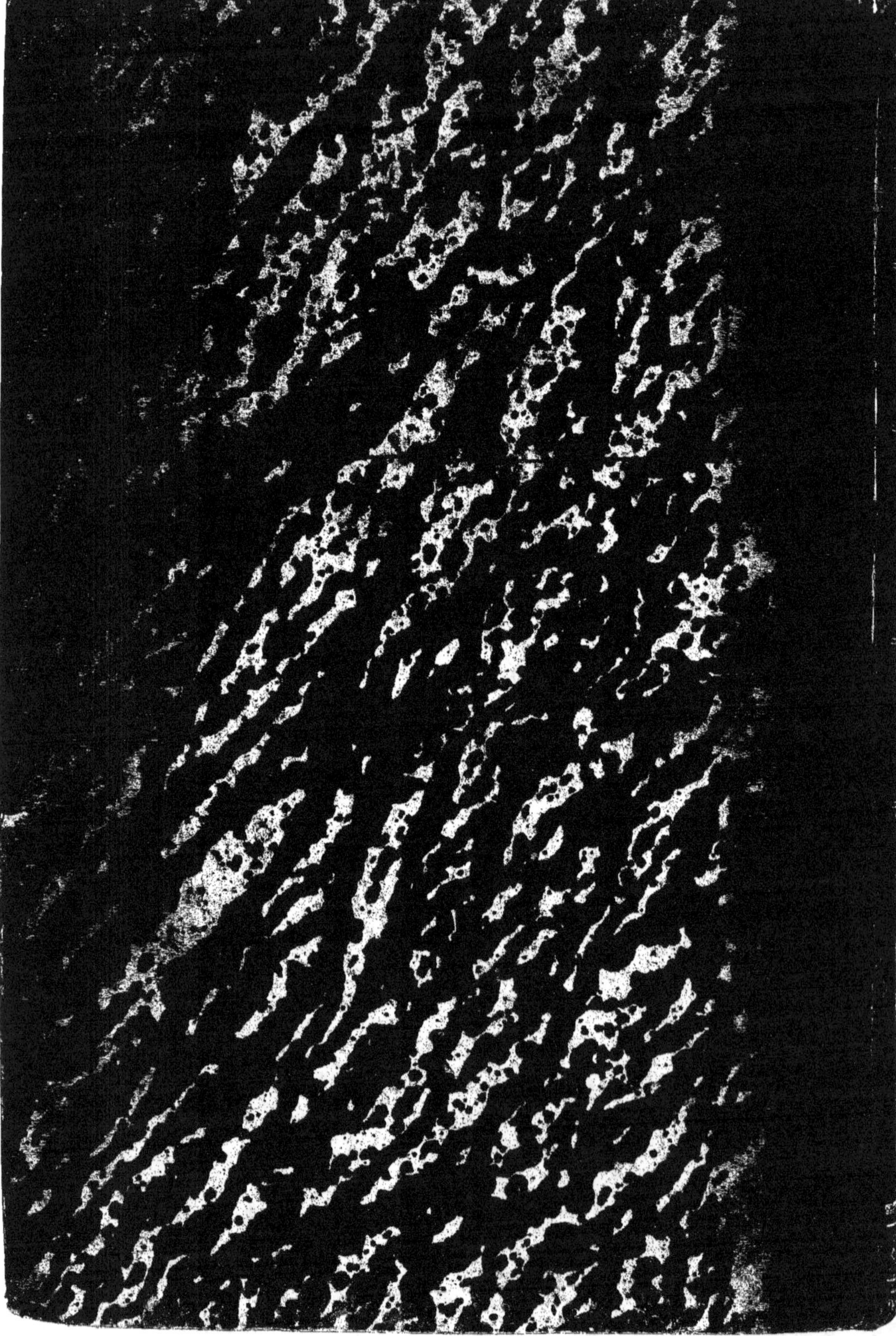

DIVINITÉS
TEMPLES, COSTUMES &c.
DE
L'INDE
FRANÇAISE
1

www.ingramcontent.com/pod-product-compliance
Lightning Source LLC
LaVergne TN
LVHW020606110826
845149LV00002B/379

* 9 7 8 2 0 1 1 3 3 1 7 6 2 *